ANO JUBILAR
"Peregrinos de esperança"

Uma visão espiritual, histórica,
bíblica, pastoral e litúrgica

Reuberson Ferreira
Abimael Francisco do Nascimento
Jerônimo Pereira Silva
Ney de Souza

ANO JUBILAR
"Peregrinos de esperança"

Uma visão espiritual, histórica,
bíblica, pastoral e litúrgica

Paulinas

Dados Internacionais de Catalogação na Publicação (CIP)
Angélica Ilacqua CRB-8/7057

Ano jubilar, peregrinos de esperança : uma visão espiritual, histórica, bíblica, pastoral e litúrgica / Reuberson Ferreira...[et al]. — São Paulo : Paulinas, 2024.
192 p.

Outros autores: Abimael Francisco do Nascimento, Jerônimo Pereira Silva, Ney de Souza

ISBN 978-65-5808-309-2

1. Ano jubilar 2. Igreja católica I. Ferreira, Reuberson

24-4084   CDD 394.4

Índice para catálogo sistemático:

1. Ano jubilar

1ª edição – 2024
1ª reimpressão – 2025

Direção-geral: *Ágda França*
Editora responsável: *Maria Goretti de Oliveira*
Copidesque: *Anoar Jarbas Provenzi*
Coordenação de revisão: *Marina Mendonça*
Revisão: *Ana Cecilia Mari*
Gerente de produção: *Felício Calegaro Neto*
Produção de arte: *Elaine Alves*

Nenhuma parte desta obra poderá ser reproduzida ou transmitida por qualquer forma e/ou quaisquer meios (eletrônico ou mecânico, incluindo fotocópia e gravação) ou arquivada em qualquer sistema ou banco de dados sem permissão escrita da Editora. Direitos reservados.

Cadastre-se e receba nossas informações
paulinas.com.br
Telemarketing e SAC: 0800-7010081

Paulinas
Rua Dona Inácia Uchoa, 62
04110-020 – São Paulo – SP (Brasil)
📞 (11) 2125-3500
✉ editora@paulinas.com.br

© Pia Sociedade Filhas de São Paulo – São Paulo, 2024

"O Jubileu há de ser um Ano Santo caraterizado pela esperança que não conhece ocaso, a esperança em Deus."

(Francisco)

Sumário

Abreviaturas 9

Prefácio 11

Apresentação 15

Capítulo I
Por uma espiritualidade do Ano Jubilar:
esperançar e peregrinar 21

Capítulo II
Aspectos históricos do Jubileu 55

Capítulo III
A acepção bíblica de Jubileu 85

Capítulo IV
O Ano Jubilar, o Papa Francisco e a Igreja:
testemunhar a esperança! 111

Capítulo V
Elementos litúrgicos e celebrativos do Ano Jubilar 149

Autores..189

Abreviaturas

AA	*Acta Documenta Concilio Oecumenico Vaticano II Apparando. Antepraeparatoria*
CB	Cerimonial dos Bispos
CR	Calendário Romano
EG	*Evangelii gaudium*
GeV	*Gelasianum Vetus*
GS	*Gaudium et spes*
IGMR	Instrução Geral do Missal Romano
ILM	Introdução ao Lecionário da Missa
LG	*Lumem gentium*
LS	*Laudato si'*
MR	Missal Romano
MV	*Misericodiae vultus*
ODC	Ofício Divino das Comunidades
RDIA	*Rito de Dedicação de Igreja e de Altar*
SC	*Sacrosanctum Concilium*
SNC	*Spes non confundit*
TL	Textos litúrgicos

Prefácio

"A esperança nasce do amor
e funda-se no amor que brota
do coração de Jesus traspassado na cruz"
(Francisco, *Spes non confundit*, n. 3).

Foi sob o pontificado do Papa Alexandre VI que se decretou a realização do Jubileu de 1500, uma celebração que marcou, também, a transição de um século. Desde a descoberta de nosso país, em um Ano Jubilar, até os dias que correm, a Igreja no Brasil tem permanecido em comunhão e unidade com esse tempo de graça que se desvela para todas as suas comunidades.

Em 2022, o Papa Francisco enviou uma carta a Dom Rino Fisichella, então Presidente do Pontifício Conselho para a Promoção da Nova Evangelização, confiando-lhe a incumbência de preparar o Jubileu de 2025, com o tema "Peregrinos de esperança", com os elevados apelos da fraternidade universal e da conversão. Nos anos subsequentes, fomos convidados a nos preparar por meio de estudos e oração, e a Igreja no Brasil, com prontidão e zelo, respondeu ao chamado do Sumo Pontífice. Comunidades, dioceses e regionais empenharam-se na recepção deste tempo de graça. No início de 2024, tivemos a honra de convidar o próprio Dom Rino Fisichella para uma formação, em âmbito nacional.

Fomos agraciados com a recepção das reflexões preparadas pelo Dicastério para a Evangelização, inspiradas nos preciosos Documentos do Concílio Vaticano II, além da riqueza das meditações que nos auxiliaram na oração e na espiritualidade, abrindo nossos corações aos veementes apelos do Espírito Santo, que, por meio da Igreja, nos guia por um caminho sinodal de comunhão, participação e missão.

Agora, temos a grata satisfação de receber este presente que vem enriquecer ainda mais nossa vivência jubilar. Esta obra, organizada com primor e dedicação, constitui uma valiosa contribuição, permitindo-nos mergulhar profundamente neste tempo propício de graças e bênçãos especiais.

Reconhecemos com grande apreço que os autores, ao se dedicarem a esta produção, lograram ressaltar os aspectos mais essenciais da mística jubilar, entrelaçando com maestria as dimensões espiritual, bíblica, histórica, litúrgica e pastoral, em uma extraordinária síntese dos fundamentos que nos convidam a vivenciar este tempo de graça e misericórdia oferecido pelo Jubileu.

Indubitavelmente, as reflexões contidas nesta obra são também um farol de esperança, contribuindo para um aprofundamento da consciência do sentido genuíno de nossa pertença à Igreja. Quanto mais nos adentrarmos na mística do ano jubilar, com mais vigor celebraremos a grandiosa festa do mistério da Redenção, que, a cada vinte e cinco anos, a Igreja nos convida a rememorar: a salvação de Jesus Cristo em favor da humanidade.

Desejamos, com sinceridade, que a leitura desta obra inspire em todos uma visão mais abrangente e um renovado entusiasmo para testemunhar a esperança que brota do amor do coração de Jesus.

Prefácio

O Ano Jubilar encerra em si um apelo querigmático, missionário, mistagógico e comunitário, que reanima nossas comunidades e infunde alegria e paz nos corações abatidos, cansados e esquecidos. Como peregrinos de esperança, cultivemos com diligência as sementes do Evangelho, aguardando confiantemente novos céus e nova terra, para que cada coração e cada comunidade se tornem um campo fértil, onde o Reino de Deus possa crescer abundantemente entre nós.

Dom Ricardo Hoepers
Bispo auxiliar da Arquidiocese de Brasília
Secretário-geral da CNBB

Apresentação

Em uma cadência contínua e irrefragável, desde o século XIV, a Igreja Católica, inspirada na tradição veterotestamentária (Ex 23,10-11; Lv 25,10; Dt 15,1-6) interpretada à luz do evento redentor, Jesus Cristo (Lc 4,18-20) e de sua Tradição Apostólica, estabeleceu que a cada século deveriam ser celebrados anos jubilares. Posteriormente, anuiu, inspirada pela perspectiva bíblica, que se poderia fazê-lo em menos tempo. Assim, ao longo dos últimos mais de setecentos anos, com uma periodicidade ora maior, ora menor, esse gesto repetiu-se contínuas vezes, sob o pálio de diversos pontífices.

Esse ciclo cronológico, seguido de maneira vigilante pela Igreja Católica, apresenta-se outra vez. O ano de 2025 será, novamente, um tempo jubilar. Como práxis, o atual Bispo de Roma, Francisco, convocou a Igreja para celebrar essa efeméride pondo-a sob o signo da esperança e atribuindo-lhe o lema que diz: "Peregrinos de esperança". A consciência de que esse evento não deve ser uma data sem consequências para a vida cristã e eclesial fez com que, há pouco mais de dois anos, o papa tivesse desenhado um itinerário preparativo para o Jubileu, do qual listamos os aspectos mais expressivos.

Divisando com esperança o futuro e consciente de que essa celebração coincide com o aniversário de sessenta anos da clausura do Vaticano II, que foi adjetivado por um dos seus antecessores como "novo pentecostes", Francisco propôs que fossem estudadas as quatro constituições fundamentais do Concílio: (a) *Sacrosanctum Concilium*, sobre a Sagrada Liturgia; (b) *Dei Verbum*, sobre a Revelação Divina: (c) *Lumen gentium*, sobre a Igreja; (d) *Gaudium et spes*, sobre a Igreja no mundo atual. Tal estudo deveria ser um leniente estímulo para a celebração do Ano Jubilar. Nas palavras do papa, trata-se de um compromisso que ele pede a todos "como momento de crescimento na fé" (Francisco, *Carta ao Arcebispo Rino Fisichella*, 11.02.2024). Sob o pálio dessa indicação, publicou-se, por meio do Pontifício Conselho para a Promoção da Nova Evangelização, uma coletânea, traduzida em várias línguas, intitulada *Jubileu de 2025 – Cadernos do Concílio*. Com esse instrumental "ágil" e "eficaz", esperava-se que os bispos, padres e leigos possam "encontrar formas mais adequadas de tornar atual o ensinamento dos Padres conciliares, na perspectiva do próximo Jubileu de 2025" (Francisco, *Carta ao Arcebispo Rino Fisichella*, 11.02.2024).

Na esteira dessa inciativa, despontou outra, também protagonizada pelo papa argentino. No princípio de 2022, em missiva dirigida ao Arcebispo Rino Fisichella, presidente do Pontifício Conselho para a Promoção da Nova Evangelização e responsável pelas ações ligadas ao Ano Jubilar, ele anunciou que o ano que antecedesse a efeméride fosse dedicado "a uma grande 'sinfonia' de oração". Seria "um ano intenso de oração, em que os corações se abram para receber a abundância da graça, fazendo do 'Pai-Nosso' – a oração que Jesus nos ensinou – o programa de vida de todos os seus discípulos" (Francisco, *Carta ao Arcebispo Rino Fisichella*, 11.02.2024). De fato, em janeiro de 2024 abriu-se em Roma, para a Igreja no mundo inteiro, um Ano da Oração.

Além disso, fez-se publicar vários opúsculos com temática ligada à oração, e, nas Igrejas particulares, além da oração própria do Jubileu, inciativas diversas buscaram aprofundar a vida espiritual.

Por fim, em maio de 2024, solenidade da Ascensão do Senhor, por meio da bula *Spes non confundit*, Francisco delineou, entre outras coisas, a data de abertura e a de encerramento do Ano Jubilar. Sugeriu que, além da dinâmica ativa da esperança, esse período fosse um tempo forte para "nutrir e robustecer a esperança, insubstituível companheira que permite vislumbrar a meta: o encontro com o Senhor Jesus" (Francisco, *Spes non confundit*, 2024, n. 5).

Dados esses passos, cabe agora viver com intensidade esse Jubileu, esse Ano da Graça. Nesse sentido, a publicação que agora apresentamos busca ser um instrumental a serviço da celebração do Ano Jubilar. Ela é o coligido de cinco capítulos – ladrilhos de um mosaico – que apresentam uma visão ampla, difusa e profunda sobre a efeméride que a Igreja hoje é chamada a celebrar. Elementos de teologia sistemática, prática e bíblica são arrolados ao longo das seções que compõem este opúsculo. Seus autores são pesquisadores da ciência teológica, mas também homens envolvidos com a concretude pastoral da Igreja e cientes da imperiosa e urgente necessidade de bem formar o povo cristão.

Os capítulos, lidos em conjunto, fundamentam uma sadia compreensão do Ano Jubilar. O primeiro texto, assinado por Reuberson Ferreira, que organiza esta coletânea, é uma abordagem que propõe uma espiritualidade para o Ano Jubilar, assentada na lídima tradição bíblica, teológica e pastoral. Professor Ney de Souza, em um segundo fragmento do livro, expõe uma visão panorâmica da história dos anos jubilares. Ele desenha a quase milenar história dos anos jubilares, desancando o contexto eclesial de cada um, desde o primeiro celebrado no século XIV até o atual, convocado por Francisco.

Uma terceira fração deste livro, assinada pelo professor Abimael Francisco do Nascimento, apresenta a acepção bíblica de "Jubileu". Sua perspectiva singular advoga as raízes judaicas dessa celebração, suas distintas interpretações e fundamentações, bem como apresenta a hermenêutica que decorre da figura de Jesus no início do seu ministério, sobre o que significa o "Ano Jubilar".

Reuberson Ferreira retoma a grafia do texto no quarto capítulo. Trata-se de uma seção que busca apresentar, não obstante a perspectiva histórica e o conceito bíblico já refletivos, o sentido específico que o atual Bispo de Roma imprime a essa celebração.

Por fim, prenhe de uma fundamentação arrojada, desponta o texto do monge beneditino Dom Jerônimo. Ele versa sobre os elementos litúrgicos e celebrativos do Ano Jubilar, levando em consideração três aspectos das celebrações nesse período: o litúrgico propriamente dito, o jubilar, associado às peregrinações, e o eclesial, que diz respeito aos grupos específicos que peregrinaram a Roma.

Espera-se, com este livro, tornar mais profundo esse tempo jubilar e ajudar todos aqueles que tomarem contato com esta obra a fazerem, como disse o Papa Francisco na bula de convocação do Ano Santo, "a experiência viva do amor de Deus, que desperta no coração a esperança segura da salvação em Cristo" (Francisco, *Spes non confundit*, 2024, n. 6). Mais ainda, espera-se contribuir para "reencontrar a confiança necessária, tanto na Igreja como na sociedade, no relacionamento interpessoal, nas relações internacionais, na promoção da dignidade de cada pessoa e no respeito pela criação. Que o testemunho crente seja fermento de esperança genuína no mundo, anúncio de novos céus e nova terra (2Pd 3,13), onde habite a justiça e a harmonia entre os povos, visando à realização da promessa do Senhor" (Francisco, *Spes non confundit*, 2024, n. 25).

CAPÍTULO I

Por uma espiritualidade do Ano Jubilar: esperançar e peregrinar

Reuberson Ferreira, msc

Esperança é olhar e orientação voltados para a frente; também, por isso mesmo, é abertura e transformação do presente.

À guisa de introdução

O Ano Jubilar, ora em curso, suscita, provoca, estimula e desafia meditações e posturas. Bem mais que uma efeméride sem consequências, ele coloca-se no estreito raio de continuidade entre os dois últimos Jubileus, que refletiram sobre a encarnação e a misericórdia. De um lado, o da virada do milênio (2000), que, secundado por uma intensa preparação, celebrou os dois mil anos da encarnação de Jesus. João Paulo II, na bula com a qual convocava esse momento, o definia como um período no qual Deus faz-nos ouvir sua "linguagem vigorosa", "sua pedagogia de salvação" e nos impele "à conversão e à penitência" (João Paulo II, 1998, n. 2). De outro lado, o Ano Extraordinário da Misericórdia (2016), convocado por Francisco, queria tornar mais nítido para o mundo o rosto misericordioso de Deus, a arquitrave que sustenta a Igreja (MV, n. 10). Nas palavras do pontífice, ele deveria ser um momento no qual os cristãos são chamados, de maneira ainda mais vivaz, "a fixar o olhar na misericórdia, para nos tornarmos nós mesmos sinal eficaz do agir do Pai" (Francisco, 2015a, n. 3).

Igualmente, este Ano da Graça do Senhor que se celebra, ao mesmo tempo que sinaliza a certeza da ação de Deus na história ao longo dos séculos, aponta no horizonte para outro Jubileu, provavelmente a ser celebrado de maneira extraordinária nos primeiros anos da próxima década. Ele nos recordará, segundo o calendário gregoriano, que há dois mil anos, Jesus, tendo exercido seu ministério público no meio dos homens, sofrido a paixão e morte, ressuscitou, fazendo, desse sinal, uma marca indelével da remissão oferecida a toda criatura e a toda criação. Assim, em 2033 haverá um novo Ano Jubilar para recordar a nossa Redenção.

Nesse sentido, pode-se dizer que o Jubileu que neste ano celebramos, visto em perspectiva histórica e posto sobre a divisa da esperança, coloca-se sob o pálio da Encarnação do Verbo Divino, o qual revelou no e para o ser humano o rosto misericordioso de Deus. Ademais, esse mesmo Deus, transbordando em sua essência, em seu amor infinito pela humanidade, redimiu-a por inteiro. Talvez esses elementos – encarnação, misericórdia e redenção – que afirmamos emoldurarem esta efeméride podem emprestar matiz para ajuizarmos sobre uma espiritualidade, uma mística que pode e deve ser desenvolvida e vivida com, para e pelos cristãos ao longo deste ano santo.

Destarte, nas linhas a seguir buscar-se-á, através da argumentação bíblica, histórica e teológica, alinhavar elementos que, emoldurando o Ano Jubilar, convergem para a vivência de uma espiritualidade cristã deste Jubileu. À maneira de uma apresentação didática, em um primeiro momento destacaremos a noção de espiritualidade do Jubileu que se depreende da tradição intertestamentária, teológica e histórica. Ato seguinte, sobretudo a partir do tema proposto por Francisco para o Jubileu deste ano, apresentaremos elementos de uma espiritualidade de esperança; por fim, mesmo que sumariamente, destacaremos atos/práticas religiosas que reforçam a mística que envolve o Ano Jubilar e alimenta uma espiritualidade para este tempo.

Ano Jubilar e espiritualidade: apontamentos a partir da Bíblia e da história

Espiritualidade é um conceito multifacetado e polissêmico. Em extremo, ela diz do *modus vivendi* do ser humano que se abre ao divino, ao sagrado, ao transcendente. Acompanha-se hodiernamente, não obstante prognósticos que defendiam o fim da religião e com ela da religiosidade, um pulular de movimentos espirituais que atestam a vitalidade do sentido religioso no mundo atual e na Igreja. Observa-se, igualmente, o renascer de uma nova suscetibilidade para as questões de cunho místico. A crise do paradigma técnico-científico que pretendia "desencantar" o mundo, paradoxalmente, concorreu para a erupção de uma ainda mais aguda abertura para o divino. A espiritualidade, portanto, faz parte do raio de interesse da humanidade contemporânea.

Nessa renovada abertura para o divino e nesse reviver da dimensão transcendental, a espiritualidade cristã sempre se apresentou, parafraseando Agostinho, como uma "beleza tão antiga e tão nova" (2004, X, XXVII, 38). Ela é a explicitação da relação do homem com o Deus, uno e trino, que se revelou à humanidade. Assegura e advoga a certeza de que, por amor, "Deus enviou seu filho ao mundo e de que seu Espírito continua comunicando-se aos crentes para viver seu mistério ao longo das gerações" (Dumeige, 1989, p. 490).

A espiritualidade cristã, desse modo, é um amalgamado coeso das inspirações e convicções que animam interiormente os cristãos em sua relação com o Deus revelado em Jesus Cristo. Ela é igualmente um conjunto de expressões pessoais ou coletivas e formas exteriores visíveis que caracterizam essa relação com o divino (Dumeige, 1989, p. 490). Portanto, é uma experiência interior que goza de elementos que a revelam exteriormente e que, por isso, podem ser testemunhados e vividos. Ademais, podem ser transmitidos, comunicados a outrem e apresentados como uma maneira coerente de viver uma experiência de Deus. É sob essa perspectiva, precisamente, que se podem abordar elementos que fundamentem uma espiritualidade para o Ano Jubilar.

A noção de Jubileu, como será descrita em profundidade alhures nesta obra (capítulo III), tem seu *humus* fundante na tradição veterotestamentária, mormente a Torá. Para lograr pleno sentido, ela associa-se a dois outros conceitos correlatos da tradição judaica: *Shabbat* e *Ano Sabático*.

O primeiro, um dos mais notáveis preceitos religiosos do povo judeu, recorda a ideia de que Deus, após concluir a obra da Criação, no *sétimo dia*, descansou (Gn 1). Deus mesmo respeitou o sábado, não dando o maná no sétimo dia ao povo no deserto, mas exortando-o a guardar alimentos para garantir o descanso no sábado (Ex 16,32-36.), santificando-o. Essa acepção, mormente no período exílico e pós-exílio, ganhou uma dimensão cultual. Divisou-se, desse modo, nele o fundamento de um imperativo ético-religioso que garantia o compromisso de salvaguardar o descanso do homem, dos escravos e de toda a criação (Ex 23,12; 34,12), por respeito e culto a Deus. O sábado, portanto, é dia no qual se reconhece a magnitude de Deus. Teologicamente, o "gesto" divino de descansar no sétimo dia, interpretado à luz da fé do povo de Israel, fundamentou o *Shabbat* como um dia sagrado, santificado (Ex 20,8-10; Is 56,2.6), que não pode ser profanado (Ez 20,16-26) por práticas comerciais (Ne 13,15-29) ou por nenhuma outra atividade (Jr 17,21). Ele é, portanto, dia de culto e de descanso. Trata-se de um convite a migrar do finito ao eterno, em uma pausa restauradora.

O segundo conceito associado à noção de Jubileu é o de *Ano Sabático*. Essa ideia é posta sob o pálio da santificação do sétimo ano, "um ano para o Senhor" (Lv 25,4). Seria uma semana de anos. Uma oportunidade na qual os filhos de Israel poderiam, fiéis ao seu Deus, contribuir para restabelecer a justiça, a fraternidade e a solidariedade entre os povos e a criação. De fato, as prescrições bíblicas para o Ano Sabático contemplavam um conjunto de normas rituais com implicações éticas. Era previsto, entre outros, o tempo sagrado de descanso para que a terra pudesse recompor-se (Lv 25,2). Igualmente recomendava-se a libertação de cativos (Lv 25,6), bem como o descanso dos animais (Lv 25,7). Tratava-se de reafirmar, prática e teologicamente, o senhorio de um Deus criador sobre a terra: "A terra pertence a mim, e vocês serão para mim migrantes e meus hóspedes" (Lv 25,23). Ou como exclama incisivamente o salmista: "Ao Senhor pertence a terra e tudo que nela existe, o mundo e seus habitantes" (Sl 24,1). Diante do Senhor, a humanidade tem plena igualdade. Busca-se, desse modo, com o Ano Sabático, além da reparação da terra, a recomposição das relações humanas, justas e igualitárias.

Como um corolário do preceito básico do *Shabbat* como um tempo sagrado e do Ano Sabático como um momento de remissão da terra e das relações, desponta a ideia de Jubileu. Ele é formado pelo conjunto de "sete semanas de anos", sete anos sabáticos. Ele, a um só passo, é tempo de, com júbilo, reconhecer a irrenunciável operosidade divina sobre todas as coisas e a necessidade de promover, ainda mais, um rearranjo das relações entre a humanidade. É um momento, fundamentado sob uma argumentação teológica, de estreitar as relações com Deus e naturalmente com a criação e com o próximo.

O termo "Jubileu" está associado à palavra hebraica *yobel* (לְבוֹי), uma espécie de berrante ou trombeta feita de chifre de carneiro, que servia para dar o toque que anunciava a abertura do ano jubilar (Lv 25,9), entre outros. Biblicamente, algumas passagens evocam essa ideia do soar da trombeta (yobel) para momentos significativos da história do povo de Israel. Ele bramiu para marcar o momento da Aliança no Sinai (Ex 19,13) e às portas de Jericó para deflagrar a tomada de posse da terra prometida (Js 6,5). O uso do objeto que dá origem e sentido à expressão

"Jubileu" circunscreve-se tacitamente na seara da relação com Deus (aliança), com os irmãos e com a terra.

Do ponto de vista da legislação litúrgica, o Jubileu, assim como o Ano Sabático, goza de uma série de preceitos e ordenamentos. Entre outros, ele instiga e reclama que as dívidas sejam anistiadas (Lv 25,23). Afiança a restituição das propriedades aos donos originais (Lv 25,28) e a libertação dos oprimidos (Lv 25,10.54). A ideia desse tempo é buscar o restabelecimento da justiça, reforçar a ética da solidariedade. Jubileu, na linha do afirmado sobre o sábado, relaciona-se diretamente com a santidade de Deus e, por conseguinte, contempla uma visão sacra da terra (Lv 25,10), obra do Criador que precisa ser cuidada. Ademais, garante uma vida digna para os moradores da terra, povo eleito do Senhor. O livro de Ezequiel também trata o Ano Jubilar como "ano da liberdade", em alusão à alforria dos escravos (Ez 46,17). Esse ano repropõe, de maneira veemente, o ideal ecológico de respeito à terra e da santidade de Deus como razão para esse zelo. Trata-se da proposta de repouso para recuperação da fecundidade do solo e da dignidade da humanidade (Silva, 2016, p. 599). Nessa linha, o grande rabi espanhol Moshe Ben Maimon – Maimônides –, em sua icônica obra chamada *Guia dos perplexos*, dedica longas páginas à questão do Jubileu (*Shemitá*). Explicitando, entre outros, que a finalidade do Ano Sabático não se reduz somente à "indulgência e libertação para os homens", mas também a "que a terra se torne mais fértil, fortalecendo-se pelo descanso". Não sem razão, a sabedoria judaica assegura que o "Messias" viria ao final de um ano de *Shemitá*.

Decorrentes da noção veterotestamentária de Ano Jubilar, podemos extrair alguns elementos que apontam para a relação entre a humanidade e o divino, que denotam um conceito de espiritualidade que envolve essa ideia bíblica. Largos traços, ela é o reconhecimento do protagonismo de Deus sobre a obra da criação: ao Senhor pertence tudo que existe. Do seu ato criador, o próprio Senhor descansou. Nessa ação, o povo interpretou uma ideia de santificação do tempo. Imprimiu-lhe uma noção cultual, tornando-a um dos mais importantes preceitos religiosos do povo judeu. Por essa razão, violar o tempo do descanso (sétimo dia, sétimo ano ou sete semanas de anos) é não reconhecer o aspecto teocêntrico da criação e a santidade de Deus. De certo modo, é vilipendiar a necessidade de relacionar-se com o eterno, com o infinito, e de cuidar da criação.

De outro lado, essa acepção postula um reequilíbrio das relações entre a humanidade. Não apenas por um dispositivo sociológico, mas como expressão de fé. O Deus de Israel optou por um povo pequeno e pobre, favorecendo-o e libertando-o. Assim, mimetizando o Senhor, deveria o povo eleito fazer o mesmo pelos seus pares. Ainda que esse direito se limitasse apenas ao povo de Israel, deveria restituir a propriedade aos espoliados, libertar os cativos, garantir acolhida aos expatriados ou anistiar devedores. Trata-se, portanto, de assegurar a recomposição das relações fraternas, justas e igualitárias, a exemplo do projeto inicial da criação, do qual, no final, o próprio Deus descansou.

Nesses termos, pode-se afiançar que a espiritualidade que subjaz a ideia de Ano Jubilar, sob a pecha dos textos bíblicos do Primeiro Testamento, postula uma relação com o transcendente, o santo, o eterno. De igual modo, divisa na reparação da injustiça, no compromisso com a promoção da fraternidade e no zelo com a casa comum, a expressão mais concreta de uma mística de um tempo jubilar.

Ainda no universo dos textos sagrados, mormente nos escritos neotestamentários a noção de Jubileu recebe um sentido particular e pleno na figura de Jesus. No ambiente litúrgico da sinagoga, no princípio do seu ministério, como descreve o evangelista Lucas, Jesus lê o texto de Isaías (Is 61,2). Trata-se de uma perícope na qual Ele enuncia, sob o pálio da ação do Espírito Santo, sua missão (Lc 4,16-21). O texto do profeta, dentro da tradição judaica, foi lido e interpretado na perspectiva de que seu cumprimento seria a realização do tempo messiânico (Kaplan, 2018, p. 448), possivelmente um Ano Jubilar. Um tempo no qual ouvir-se-á "o magnífico toque do chofar" – trombeta que proclama o início do Ano Jubilar –, que anunciará a chegada do Messias. Tal som "será o início da verdadeira liberdade" para o povo do Senhor.

Portanto, o anúncio do "Ano da Graça do Senhor" (Lc 4,19) feito por Jesus é, indefectivelmente, o princípio de um Jubileu à semelhança daquele previsto em Levítico (Lv 25). Trata-se de um Jubileu extraordinário, pois fora do tempo previsto pela tradição judaica. Instaura-se um *kairós*, tempo de Deus. Mais ainda, é um Jubileu permanente, não sazonal, realizado na figura de Jesus Cristo, redentor da humanidade, dirigido aos homens e mulheres de boa vontade (Barros, 2000, p. 16). Inaugura um *kairós* divino, um novo tempo, uma nova etapa da economia da salvação.

A ação de Jesus insere-se dentro dessa perspectiva jubilar, na inauguração de um tempo marcado pela graça. O Homem da Galileia aloca sua obra redentora tanto no interior da tradição da

Torá como na continuidade dos profetas, mormente no que diz respeito à noção do período que ele inaugura: um Jubileu. Ele é ungido pelo Espírito Santo (Lc 4,18) e configura-se, portanto, como o Messias, o Cristo, aquele que revela a face de Deus e cumpre suas promessas, estabelecendo uma nova, eterna e definitiva aliança.

O programa de sua missão consiste em declarar aberto, definitivamente, um período de libertação da humanidade por meio de sua presença salvadora, visto que fora enviado por Deus. Sua ação dirige-se a restituir aos vulneráveis a liberdade, os bens, a dignidade e a esperança (Lc 4,18). Em sua vida confirma-se essa opção, mormente na resposta à pergunta de João Batista sobre se ele era o Messias: "Ide contar [...] o que vedes e ouvis: os cegos recuperam a vista, os coxos andam, os leprosos são purificados, os surdos ouvem, os mortos ressuscitam e aos pobres é anunciado o Evangelho" (Lc 7,22). De fato, em Jesus não só é anunciado o Jubileu, mas ele – diferente das tentativas e quiçá não realizações do Antigo Testamento – faz com que esse ideal seja vivido por sua atividade. A ação do Cristo, como dito anteriormente, é o início de um Jubileu permanente no qual a libertação da humanidade, a vida plena, deve ser perseguida, construída e defendida.

Na figura do Cristo Ressuscitado, vivemos um permanente Jubileu, consequentemente um compromisso, decorrente da fé, inadiável com a promoção dos frágeis. Assim, decorre de uma espiritualidade jubilar centrada na figura de Jesus, que é marco interpretativo da Escritura para os cristãos, a necessidade de recuperar a compreensão de Deus como Pai que, por isso, não aceita a exploração do outro, do irmão. Igualmente, a necessidade de

Por uma espiritualidade do Ano Jubilar: esperançar e peregrinar

realinhar a concepção antropológica que assegura a igual dignidade de toda a humanidade, o que, inevitavelmente, contrasta com manter qualquer subjugação a outrem. Por fim, a plena experiência do Espírito (Deus) que age no meio da humanidade e a impele para sempre mais descobrir novas formas de anunciar a Boa-nova aos frágeis, seja a humanidade, seja a criação. Em poucas palavras, a espiritualidade jubilar decorrente da ação de Jesus, critério para interpretar toda a Sagrada Escritura, fala-nos de uma mística de "olhos abertos" que, a um só passo, contempla, experimenta e revela a ternura e o contato com o Pai, assim como compromete-se com a realidade dos vulneráveis.

Migrando da seara da argumentação bíblica para o campo histórico, deve-se dizer que é um privilégio, embora não exclusivo, da tradição católica celebrar Anos Jubilares. Entre o primeiro e o último, celebraram-se, na Igreja Católica, vinte e seis daqueles que são chamados "ordinários". Em 1300, em um contexto de contendas entre reis e papa, os fiéis que desejavam comemorar e celebrar a passagem do século reivindicaram que Bonifácio VIII promulgasse um Ano Jubilar, o primeiro da história. O pontífice acedeu à ideia do povo, e celebrou-se festivamente em Roma um ano da graça. Caracterizaram-no diversas peregrinações a basílicas romanas e a concessão de indulgências. Previa-se que eles seriam celebrados apenas a cada cem anos. Mudou-se para cinquenta e, por uma leitura a partir do mistério da redenção, propôs-se que eles fossem celebrados a cada trinta e três anos, ideia logo abandonada. Agregou-se, posteriormente, aos Jubileus a abertura de Portas Santas, peregrinações a santuários — além dos áditos romanos — e canonizações de santos e mártires, entre outros.

Ano Jubilar "peregrinos de esperança"

No contexto do surgimento dos Anos Jubilares, nos umbrais da Igreja Católica, a mentalidade medieval operou uma leitura demasiada "'espiritual' e simbólica sobre 'o material' [que era] colocado em evidência pela legislação do Antigo Israel" (Manzatto, 1999, p. 11). Nesse espírito, a concepção concreta e pragmática, ainda que não totalmente vivida, aplicada ao Ano Jubilar, tanto pela tradição do livro do Levítico quanto pela figura de Jesus, foi diluída. O repouso da terra transformou-se em consagração do trabalho a Deus; a libertação da escravidão virou resiliência ao pecado; a anistia das dívidas transformou-se em perdão das ofensas; e a devolução das possessões comutou-se em entrega do ser, individual ou coletivo, a Deus (Manzatto, 1999, p. 11). De certo modo, a robustez da mística que envolvia o Ano Jubilar tornou-se demasiadamente delgada. Sem menosprezar a necessidade de conversão individual, a incidência social foi preterida, mitigada ou elipsada.

Nesse sentido, com base nesse argumento, deve-se reclamar um reequilíbrio entre a dimensão "espiritual" e "material" da espiritualidade que envolve o Ano Santo, o Jubileu. Entre ambas, a rigor, não deve haver dicotomias ou oposições. As práticas devocionais podem, por isso, ser envaidas de um concreto compromisso de conversão pessoal e comunitária. Devem resplandecer o frescor e o desejo de comunicar um ano de libertação concreta dos cativos; restituir a visão da necessidade de preservação (descanso) da terra, casa comum; ao lado disso, consolidar uma visita interior e uma reforma interna de práticas e costumes. Portanto, a espiritualidade jubilar não pode acomodar-se em acentuar apenas o aspecto "espiritual" desse tempo, sobretudo por sua fundamentação bíblica e da leitura dele operada à luz da figura de Jesus. Ela deve fazer uma simbiose entre a dimensão espiritual e material.

Largos traços, a espiritualidade que desponta no Ano Jubilar é da consciência de que Deus rege a história e Ele é o artífice da criação. Seu desejo permanente, como interpretado pela tradição judaica e lido sob o prisma da figura de Jesus Cristo, é de que o ser humano retorne a Ele, de que viva seus preceitos que garantem sua identidade de povo escolhido. Igualmente, esse retorno a Deus evoca o ideário da criação no qual a perfeição da obra criada contemplava a harmonia entre o ser humano, a natureza e seus semelhantes. Trata-se, desse modo, de um apelo ao reestabelecimento da comunhão primordial entre ser humano, Deus, alteridade e natureza. Essa talvez seja a marca distintiva de uma espiritualidade jubilar na qual o fundamento é a explicitação da relação do ser humano com o Deus, uno e trino, que se revelou à humanidade. Mais ainda, é o elemento que dialoga com os anseios religiosos da humanidade contemporânea que, malgrado experiências nocivas, ainda nutre esperança e, de alguma maneira, abre-se ao transcendente.

A espiritualidade do Jubileu: "peregrinar" e "esperançar"

Cada Jubileu, entre os ordinários e os extraordinários, convocados ao logo da história, para além da espiritualidade própria na noção de Ano Santo, por deliberação dos papas, goza de marcas distintivas que fazem dele um ano especial com características peculiares. As circunstâncias históricas em que cada um é convocado, de alguma maneira, contribui para o modo como ele será vivido. O que agora celebramos, além da forte herança bíblica e histórica dos seus precedentes, aporta um elemento particular a esta vivência:

Ano Jubilar "peregrinos de esperança"

peregrinação e esperança. Essas duas perspectivas, quiçá, sejam a expressão distinta da espiritualidade que deve marcar o Jubileu, para além daquilo que os textos sagrados já explicitam.

O Papa Francisco, quando em fevereiro de 2022, memória litúrgica de Nossa Senhora de Lurdes, escreveu ao Arcebispo Rino Fisichella, atual pró-prefeito do Dicastério para a Evangelização, desejava que o Ano Jubilar que se avizinhava pudesse "favorecer imensamente a recomposição de um clima de esperança e confiança" (Francisco, 2022). Por essa razão, ele definiu que o lema que motivaria todo o ano seria: "Peregrinos de esperança". Contíguo a isso, por ocasião da publicação da bula com a qual convocava o Ano Jubilar, o pontífice ratificou que sob o signo da esperança deveria ser celebrada e vivida a efeméride:

> A esperança é também a mensagem central do próximo Jubileu, que, segundo uma antiga tradição, o Papa proclama de vinte e cinco em vinte e cinco anos. Penso em todos os *Peregrinos de esperança*, que chegarão a Roma para viver o Ano Santo [...]. Possa ser, para todos, um momento de encontro vivo e pessoal com o Senhor Jesus, "porta" de salvação (Jo 10,7.9); com Ele, que a Igreja tem por missão anunciar sempre, em toda a parte e a todos, como sendo a "nossa esperança" (1Tm 1,1) (Francisco, 2024, n. 1).

O lema do Ano Jubilar evoca, portanto, duas características próprias desse período que se complementam e dizem muito à espiritualidade cristã: "peregrinos" e "esperança". A identidade de peregrinos acusa a dimensão de transitoriedade do cristão no mundo. Ela reforça a ideia antropológica de *homo viator* ou do caráter itinerante da condição humana. Do ponto de vista da fé, seu destino é sempre algo maior e que ultrapassa a si mesmo. Sua meta e seu lugar é habitar em Deus. Há uma escatologia subjacente à noção de peregrino. O peregrinar, portanto, é revestido de uma sacralidade. Trata-se de um predicado conatural à vida do povo de Deus, o povo cristão.

No Antigo Testamento, o povo de Israel, antes de estabelecer-se na terra que fora prometida, era peregrino. Após se assentar, nutriu o ideal de uma cidade santa para onde caminhavam. Eram comuns peregrinações anuais a Jerusalém (Sl 15; 24; 63; 84; 122). Caminhar para Sião, religiosamente, seria voltar às raízes, reconstruir a identidade solapada pelo desterro. Finalmente, seria ter acesso ao culto e à comunhão com Deus. Jesus Cristo, por seu turno, mormente na literatura joanina, tem sua vida resumida a três grandes peregrinações que se iniciam na Galileia e concluíram-se em Jerusalém, onde entrega sua vida ao Pai, imprime um novo caráter à definição de "peregrino" com sua ressurreição. Já não mais uma peregrinação a um lugar físico, mas uma busca por "novos céus e nova terra" (Ap 21,1-8), dado que "não temos aqui morada permanente, mas procuramos a futura" (Hb 13,14). A "peregrinação humana, que anseia por esse novo mundo" (Ap 21,1ss), orienta-se para a Jerusalém celeste, a pátria prometida, onde Deus habitará com a humanidade e "não haverá mais morte nem luto nem pranto nem dor'" (Ap 21,4) (Correia, 2018, p. 28). O destino, o lugar definitivo dos que creem, é uma realidade escatológica. O ideal e meta do peregrino é habitar em e com Deus.

Essa acepção embasa o conceito de Francisco acerca da noção de viver uma experiência de peregrinos no Ano Jubilar. Na *Spes non confundit*, ele pontua que a peregrinação é momento para "robustecer a esperança". Igualmente advoga que as peregrinações favorecem a "redescoberta do valor do silêncio, do esforço e da essencialidade" (Francisco, 2024, n. 5). Em outro texto, no bojo das preparações para a celebração festiva do primeiro quarto deste século, ele define o ato de peregrinar como "o fato de que estamos em caminho à descoberta do amor de Deus e, ao mesmo tempo, à descoberta de nós mesmos, através de uma viagem interior", e pontua que a missão do peregrino neste mundo é

> amar a Deus e amar-nos uns aos outros. Assim, o nosso caminho sobre esta terra nunca se reduz a uma labuta sem objetivo nem a um vaguear sem meta; pelo contrário, cada dia, respondendo ao nosso chamado, procuramos realizar os passos possíveis rumo a um mundo novo, onde se viva em paz, na justiça e no amor. Somos peregrinos de esperança, porque tendemos para um futuro melhor e empenhamo-nos na sua construção ao longo do caminho (Francisco, 2024b).

Nesse sentido, a espiritualidade do tempo jubilar, pautada por essa congênita ideia de que somos peregrinos, desafia os cristãos neste ano. Para quem crê, a peregrinação é sempre uma oportunidade para refazer a experiência da fé, voltar ao primeiro amor, ao essencial. Vivendo essa dimensão da fé no Ressuscitado é possível imprimir sentido às lutas diárias, sonhar com um novo mundo, construir pontes, gerar a paz, garantir novas relações de fraternidade e de respeito com a criação. Igualmente, é ocasião única para reafirmar a identidade. Povo que se reconhece, a partir do Ressuscitado, como aquele que está a caminho, que vive a tensão entre "o já e o ainda não" da sua realidade última. Não só uma experiência religiosa, não só uma epifania particular de Deus, mas sim uma característica radical que determina sua existência. Caminhando em meio às vicissitudes e adversidades do cotidiano, sua dimensão peregrina leva-o a entender que seu destino último é o *leitmotiv* para imprimir mudanças em seu caminhar histórico.

Portanto, a escolha que o Bispo de Roma faz de colocar o Ano Jubilar sob o pálio da compressão de que somos peregrinos advoga uma espiritualidade que tem ciência de que a realidade concreta, por vezes disforme, não é o destino final da humanidade. Sua meta e seu lugar é habitar em Deus. Esse fato, contudo, não o alija do compromisso com a realidade presente. Antes o implica, visto que o obriga a reconhecer que a situação, não raro de dor e sofrimento do mundo e da criação, não se coaduna com o ideário de Deus para a humanidade. Deve, por isso, ser transformada. Necessita haver, na mística que envolve o Ano Jubilar, uma deliberada e decidida disposição para mudar situações-limite, quer seja da vida pessoal, quer seja da vida comunitária, eclesial ou social.

Associa-se à noção de "peregrinos" o substantivo feminino que o Papa impinge ao lema do Ano Jubilar: "esperança". Tacitamente, toda peregrinação, como descrito acima, assenta-se em uma esperança. Francisco, nesse sentido, advoga a consolidação de uma espiritualidade fundada na segunda virtude teologal para a efeméride que ora celebramos. Sua definição de esperança na bula *Spes no confundit* ressoa a noção paulina. O Apóstolo dos Gentios, por sua vez, fundamentado na tradição veterotestamentária, assegura Deus como a única esperança. Este último é quem cumpre as promessas feitas a Israel. Paulo interpreta o "ato escatológico da salvação em Jesus Cristo" (Everts, 1993, p. 484), por meio da cruz, como o pleno cumprimento das promessas de

Deus, que de agora em diante inclui até os não judeus, os gentios. No sacrifício da cruz, no aniquilamento total de toda esperança "mundana", nasce a esperança cristã (Rm 8,24-25; Hb 11,1). A cruz de Cristo é o sinal da esperança de Deus neste mundo para todos que se abrigam à sua sombra, pois "a teologia da esperança é, em seu ponto nuclear, teologia da cruz" (Piana, 1989, p. 337). Divisando-a, compreende-se, para além da fantasia, do otimismo ingênuo ou da violência, a vitória em Cristo, a vitória daqueles que esperam em Deus. Nesse sentido, o mistério pascal – paixão, morte e ressurreição – faz emergir "o sentido supremo da esperança cristã: é ao mesmo tempo compromisso histórico e abertura ao porvir escatológico como dom [...] de Deus" (Piana, 1989, p. 337). Ela é a um só passo a espera e o ato de esperar, suscitado pelo objeto.

Nesse sentido, uma espiritualidade do Ano Jubilar, eivada pela tônica da esperança, deve reivindicar algumas peculiaridades que lhe assegurem uma identidade, uma forma. Dentre elas, uma primeira é a inextrincável relação entre as três virtudes teologais: fé, esperança e caridade. A fé ocupa o primeiro lugar na existência cristã. Sem ela não seria possível o conhecimento de Cristo; consequentemente a noção de esperança teria seu conteúdo esvaziado, tornando-se mera utopia. Sem esperança, a fé feneceria, daria lugar à acídia, esmoreceria. A fé permite ao homem encontrar o caminho, mas somente a esperança o fará permanecer nele. A esperança é, portanto, "a verdadeira dimensão da fé; é o caminhar da fé para o seu objeto: Deus" (Piana, 1989, p. 337). Ela, como um ato de confiança em Deus, implica uma capacidade de entrega aos irmãos, por meio da caridade. A esperança não é só um ato privado de confiança no Senhor, mas, como um corolário, é uma experiência de serviço ao irmão. A esperança seria vã se não incluísse a solidariedade com o próximo como um compromisso histórico, ainda que aberto ao porvir divino.

O papa argentino defende exatamente isto para o Ano Jubilar: "A esperança forma, juntamente com a fé e a caridade, o tríptico das 'virtudes teologais', que exprimem a essência da vida cristã (1Cor 13,13; 1Ts 1,3). No dinamismo indivisível das três, a esperança é a virtude que imprime, por assim dizer, a orientação, indicando a direção e a finalidade da existência crente" (Francisco, 2024, n. 18). Portanto, a espiritualidade do Ano Jubilar dever ser marcada por um olhar ao futuro, nutrido pela fé no Ressuscitado e no compromisso de estabelecer um mundo marcado por relações fraternas. Por essa razão, na bula convocatória o papa fala, por um lado, de *sinais* de esperança: paz, vida, compromisso com os vulneráveis; de outro, em *apelos* em favor da esperança: perdão das dívidas e convivência ecumênica. Trata-se de um entrelaçamento das três virtudes teologais ao longo do Jubileu. Deve-se, por isso, superar toda e qualquer dicotomia entre desejo do eterno e compromisso com o mundo presente. Nosso tempo, que vive uma permanente antinomia ou polarização entre conceitos políticos, religiosos e sociais, deve no Ano Jubilar, sobretudo à luz da fé, ajudar-nos a produzir uma linguagem, uma gramática que reconcilie os termos que a nossa cultura concebe como inconciliáveis: "Fé e obras, razão e sensibilidade, eficiência e afeto, individualidade e compromisso social, gestão e compaixão, espiritualidade e sentidos" (Mendonça, 2024, p. 5); esperança futura e presente. Deve convocar-nos, este tempo, para um novo paradigma de espiritualidade que catalise dados que parecem antípodas, mas que com esforço e convicção são conciliáveis.

Outro aspecto de uma espiritualidade jubilar centrada na esperança que se depreende dessa virtude e que se divisa com a proposição do Papa Francisco é o testemunho de confiança no Absoluto, no Eterno, em face da contingência humana. Nossa sociedade, inclusive muitas das comunidades cristãs, vive certo presentismo, fruto da chamada hipermodernidade que se sustenta sob a ideia de um eterno reinício, desocupado de uma noção de futuro ou de passado. Nesse sentido, a virtude teologal adjetivada ao Jubileu que ora vivemos impele a um testemunho, a uma espiritualidade que aponta para o transcendente, para o infinito, sobretudo diante da tragicidade. Uma esperança para além de toda esperança.

Em extremo, vivendo sob a pecha do tempo, um dos temores da humanidade é a caducidade da própria história, o confronto com a morte. Desse ponto, resulta que em muitos níveis ela é negada ou dissimulada através de uma não preocupação com o futuro. A esperança cristã resgata e repropõe o lugar do *memento mori*. Uma vez que, com a encarnação, paixão e ressurreição de Jesus, experimentou-se a presença do eterno entre a humanidade, bem como foi garantida a vida eterna, uma espiritualidade jubilar que se pauta pela esperança deve conduzir a um acurado entendimento da dor, do sofrimento e, em último lugar, da morte.

A dor e o sofrimento, ensina-nos o magistério da Igreja, são lugares para o crescimento, o exercício e o aprendizado da esperança (Bento XVI, n. 35-38). Não uma aceitação sádica da dor, mas um lenitivo que imprime sentido às agruras históricas da vida. Uma espécie de sublimação ou oblação da dor e uma esperança futura, eterna. De igual modo, em um contexto de denegação da realidade última da vida, a esperança cristã deveria munir o homem de uma convicção profunda e extemporânea de que a morte, embora imponha limite à finitude humana – o que não pode ser negado –, leva-o a uma comunhão com a plenitude absoluta, a uma participação na vida eterna de Deus. A experiência da morte, diferente do advogado por muitos, pode ser ressignificada a partir da união do ser humano com Cristo. Quem faz essa experiência ao longo da vida compreende, de forma antecipada, embora contingencial, a promessa de salvação da morte.

Francisco entende e defende essa mesma ideia, propondo-a ao mundo neste Jubileu:

> A esperança cristã consiste precisamente nisto: face à morte, na qual tudo parece acabar, através de Cristo e da sua graça, que nos foi comunicada no Batismo, recebe-se a certeza de que "a vida não acaba, apenas se transforma" para sempre [...]. E, se diante da morte, dolorosa separação que nos obriga a deixar os nossos entes queridos, não é possível qualquer retórica, o Jubileu oferecer-nos-á a oportunidade de descobrir, com imensa gratidão, o dom daquela vida nova recebida no Batismo, capaz de transfigurar o seu drama. É significativo repensar, no contexto jubilar, como este mistério foi compreendido desde os primeiros séculos da fé. Durante muito tempo, por exemplo, os cristãos construíram a pia batismal em forma octogonal, e ainda hoje podemos admirar muitos batistérios antigos que mantêm esta forma, como em São João de Latrão, na cidade de Roma. Indica que, na fonte batismal, inaugura-se o oitavo dia, isto é, o da ressurreição, o dia que ultrapassa o ritmo habitual, marcado pela cadência semanal, abrindo, assim, o ciclo do tempo à dimensão da eternidade, à vida que dura para sempre: esta é a meta para a qual tendemos na nossa peregrinação terrena (Francisco, 2024, n. 5).

Nesses termos, é impossível conceber, ao longo do Jubileu, uma espiritualidade que não testemunhe uma confiança irrestrita no Deus que transforma a vida, diante da morte, pela ressurreição. Desse modo, se há uma obrigação cristã, por via da fé, de defender a vida, ainda mais existe a de entender a morte como um viés que nos leva a uma comunhão plena com Deus. Portanto, sem negá-la ou antecipá-la, a finitude da vida humana deve ser acolhida em vista da comunhão plena com Deus.

Um último aspecto de uma espiritualidade que pode ser nutrida ao longo do Ano Jubilar e que a esperança cristã nos possibilita é o compromisso de libertação humana. Conquanto a esperança nos aponte para um futuro ulterior nos colocando em atitude de "espera", ela não incita a inércia. Antes o contrário: convida a um compromisso concreto com as realidades históricas. A própria dinâmica da esperança cristã que aponta para uma comunhão com Deus instiga à transformação da realidade. Trata-se de uma forma de preparação e antecipação da manifestação divina definitiva, da realidade última.

O esperar cristão, desse modo, não é um sentimento vazio ou indefinido. Embora dirija-se para aquilo que poderíamos chamar de "realidades últimas", ele preocupa-se com as realidades "penúltimas". Ocupa-se, por isso, da transformação das circunstâncias históricas e degradantes da realidade humana, tentando imprimir-lhe um novo sentido. Se o seu destino é sempre algo infinitamente melhor, visto as promessas divinas, um imperativo ético deve reger seu agir no mundo, deve mover-lhe a um compromisso de transformação da história. Não se trata de uma obrigação pura e simplesmente antropológica ou sociológica, mas de algo que revela sua premente confiança no vir a ser escatológico. Ele compromete-se com o mundo não para que continue sendo o que é, mas para transformá-lo continuamente e chegar a ser o que lhe foi prometido que será (Piana, 1989, p. 340). Nesse sentido, para ajudar na compreensão dessa dinâmica, pode-se parafrasear um pedagogo brasileiro que refletiu a esperança em termos concretos no que tange à educação, interpretando-a como capacidade de mobilização em vista de uma realidade melhor. No específico dos cristãos, esse horizonte maior sempre será o da realidade última, do encontro com Deus:

> É preciso ter esperança, mas ter esperança do verbo "esperançar"; porque tem gente que tem esperança do verbo "esperar". E esperança do verbo "esperar" não é esperança, é espera. Esperançar é se levantar, esperançar é ir atrás, esperançar é construir, esperançar é não desistir! Esperançar é levar adiante, esperançar é juntar-se com outros para fazer de outro modo (Freire, 1992, p. 110-111).

Sob a égide desse compromisso de transformação das realidades históricas motivado pelo porvir do Absoluto, é que Francisco instiga os cristãos, neste ano, a um compromisso concreto com realidades sociais complexas. Na missiva dirigida ao pró-prefeito do Dicastério para a Evangelização, o Bispo de Roma insistia, no contexto do fim da pandemia, que o Jubileu deveria "favorecer [...] a recomposição de um clima de esperança e confiança, como sinal de um renovado renascimento do qual todos sentimos a urgência", e assegura que isso só seria plausível se fôssemos "capazes de recuperar o sentido de fraternidade universal" e "se não fecharmos os olhos diante do drama da pobreza crescente que impede milhões de homens, mulheres, jovens e crianças de viverem de maneira digna de seres humanos" (Francisco, 2022). Trata-se de uma esperança semeada, mesmo que divisando o futuro, na certeza de que é necessário transformar as realidades que espelham as feições sofredoras de Cristo, no desejo de aproximá-las da manifestação definitiva da glória de Deus.

Largos traços, advoga-se que os termos que, por antonomásia, emprestam título ao Ano Jubilar ordinário de 2025 fornecem suporte, além das ideias já tacitamente veiculadas pela tradição bíblica e histórica, para uma espiritualidade deste Jubileu. Esta deve ser marcada pela intrínseca ideia de que o homem é peregrino neste mundo, caminha em direção a Deus e pode refazer a experiência de fé com o Senhor que o atraiu. Igualmente, deve nutrir uma intrínseca relação entre fé, esperança e caridade, entendendo que a unidade das três lhe afiança a capacidade de reconhecer o Cristo e a animar-se a caminhar em direção a ele e aos irmãos. Ademais, uma espiritualidade de esperança deve conduzir a um testemunho de confiança em Deus, que aceita e reinterpreta o sentido da dor, da morte e do compromisso cristão com as realidades históricas. Portanto, uma espiritualidade a ser vivida e alimentada ao longo deste ano advoga a certeza de que caminhamos para o Deus que experimentamos pela fé e que nos motiva a buscá-lo. Contudo, visto que ainda vivemos na contingência do tempo, Ele mesmo nos convoca a transformar as realidades que nos circundam em vista da sua manifestação última.

Ano Jubilar e práticas religiosas: lenitivos à vivência da espiritualidade jubilar

A espiritualidade jubilar, conquanto seja uma prática alimentada de maneira interior por cada cristão, pode ser nutrida por meio de elementos que caminham no limiar da religiosidade popular. Esses elementos adensam exteriormente aquilo que é próprio da mística de um Jubileu. Essas ações, para não serem apenas atos vazios ou meramente exercícios exteriores, devem ser marcadas por uma compreensão teológica que lhe adense o sentido e assegure sua autenticidade.

Dentre os atos religiosos previstos para o Ano Jubilar há as peregrinações e a abertura de Portas Santas em basílicas romanas. Ambas, no horizonte católico, estão associadas às origens das celebrações jubilares. No primeiro Jubileu, realizado a pedido de Bonifácio VIII, conquanto já houvesse indicativos de práticas similares em anos anteriores (Francisco, 2024, n. 5), essas eram duas grandes marcas do Ano Santo. Nos Jubileus posteriores, repetiu-se tanto um gesto quanto outro. Em ocasiões excepcionais, além das peregrinações à região do Lácio e das Portas Santas nas basílicas papais, concebeu-se a ideia de que as igrejas catedrais, as basílicas nacionais ou os santuários locais pudessem ser lugar de peregrinação e gozassem de Porta Santa. Francisco, por ocasião do Jubileu Extraordinário da Misericórdia, autorizou essa prática e, pessoalmente, na capital da República Centro-africana, Bangui, fez a abertura de uma Porta Santa. Nota-se que as peregrinações e as Portas Santas são constitutivas do imaginário religioso que compõe o Ano Jubilar.

Neste Jubileu ordinário, posto sob o signo da esperança e que nos define como humanidade a caminho, tanto as peregrinações

Ano Jubilar "peregrinos de esperança"

quanto as Portas Santas reafirmam, na linha da piedade popular, uma espiritualidade para este tempo. Multiplicar-se-ão peregrinações a Roma e, como prescreve o calendário jubilar, Portas Santas serão abertas na capital da região do Lácio. Diferente do Jubileu da Misericórdia, não é previsto que se faça abertura dessas portas nas Igrejas locais; contudo, o início do Ano Jubilar nas dioceses deverá ser marcado por uma caminhada para as catedrais que "seja o sinal do caminho de esperança que, iluminado pela Palavra de Deus, une os crentes" (Francisco, 2024, n. 6). A proposta é que o destino das peregrinações sejam as basílicas romanas, buscando viver a experiência de uma realidade onde as fronteiras entre os povos estejam superadas; que a criação, as diferentes culturas e as obras de arte sejam contempladas, permitindo que cada peregrino acumule em si, "harmonizada pela oração, a beleza que faz agradecer a Deus as maravilhas que Ele realizou" (Francisco, 2024, n. 5).

Portanto, as peregrinações e as Portas Santas corroboram externamente dois aspectos da espiritualidade jubilar. De um lado, a ideia da permanente caminhada do homem para a sua meta final, Deus. Do outro, a porta que é o próprio Cristo (Jo 10,9), razão de nossa esperança, ideal almejado pelos que creem. Assim, todas as peregrinações que forem feitas a Roma ou visitas às portas nas basílicas papais devem ser eivadas por esse sentimento de fé de que estamos em marcha, na transitoriedade da vida, para Deus. Ademais, de que ao longo do caminho, nas lutas diárias, somos chamados a superar fronteiras étnicas, culturais, políticas e sociais, pois somos um só povo que busca o Senhor. Para uma imensa parcela de fiéis que não irá a Roma, deve-se entender a abertura das Portas Santas e as peregrinações como ideal da própria vida, peregrinar em direção a uma meta: Cristo, que é porta das ovelhas (Jo 10,39).

Outro elemento que fecunda o imaginário dos fiéis ao longo do Ano Santo e que concorre para o fortalecimento de uma espiritualidade jubilar são os sacramentos – mormente a Confissão – e as indulgências. Ambos acompanham o ideário do Ano Jubilar ao longo dos séculos. Na perspectiva bíblica, sobretudo no texto de Levítico e na figura de Jesus, chave cristã de interpretação da Sagrada Escritura, o aspecto da remissão das culpas, da libertação das penas, desponta de maneira transversal. Historicamente, o sacramento da Penitência e as indulgências, malgrado controvérsias sobre este último, eram catalisadores do desejo de fiéis, peregrinos do mundo inteiro, de alcançar uma reconciliação consigo, com os outros e com Deus ou a comutação de suas penas ou de outrem – já falecido – diante do Senhor.

A bula de convocação do Jubileu de 2025, não sem razão, dá especial acento à confissão sacramental e às indulgências. A primeira, a uma só vez, é "uma estupenda oportunidade espiritual [...] e representa um passo decisivo, essencial e indispensável no caminho de fé de cada um" (Francisco, 2024, n. 23). A segunda, ante a mácula que resulta das faltas, purifica a humanidade dos "'efeitos residuais do pecado' [...] sempre por graça de Cristo, que é 'nossa indulgência'" (Francisco, 2024, n. 23). Ambas oferecem uma experiência profunda da misericórdia ilimitada do Senhor. Deveriam, por isso, provocar o cristão a dar o perdão àqueles que lhe feriram. Atitude que não mudará o passado, mas que permitirá contemplá-lo com "olhos diferentes, mais serenos, mesmo que ainda banhados de lágrimas" (Francisco, 2024, n. 23). A Penitenciária

Apostólica (chamada também de Tribunal da Misericórdia, que é um órgão da Cúria Romana responsável, entre outros, pela concessão de indulgências), a pedido do próprio papa, estabelece as peregrinações, nas visitas a lugares sagrados, e a prática de obras de misericórdia como ambientes onde, vividas as condições requeridas, os fiéis podem lograr para si e/ou para outras indulgências jubilares (Penitenciária Apostólica, 2024, p. 31-38).

Para além do argumento litúrgico-sacramental, neste Ano Jubilar o papa jesuíta, na perspectiva do perdão das faltas, advoga que sejam perdoadas as dívidas de países empobrecidos que nunca poderão pagá-las. Já no Jubileu do Ano 2000, João Paulo II havia feito o mesmo pedido. Francisco, contudo, advoga essa ação não em uma perspectiva benemérita, mas da justiça social, de reparação histórica. Ele evoca a consciência de uma nova forma de desigualdade que progressivamente se vai constituindo entre o Norte e o Sul global, que resulta em uma dívida da parte dos países ricos com os pobres: a "dívida ecológica". A virulenta agressão que países industrializados impõem ao ecossistema, em detrimento da pequena participação dos empobrecidos, concorre para que se identifique essa dívida dos ricos com os pobres. Perdoar as dívidas do Sul global resultaria em uma comutação dos erros e, de alguma maneira, favoreceria uma convivência harmoniosa entre os povos e, tacitamente, evocaria uma preocupação com a crise ecológica. O Bispo de Roma diz isso de maneira eloquente na bula de convocação do Ano Jubilar: "Se queremos verdadeiramente preparar no mundo a senda da paz, empenhemo-nos em remediar as causas remotas das injustiças, reformulemos as dívidas injustas e insolventes, saciemos os famintos" (Francisco, 2024, n. 23).

O perdão, dentro de uma espiritualidade jubilar, é uma marca distintiva a ser vivida. Ele deve ser sacramental, como prescrito, mas não se limitar a ele. Deve desencadear condutas, promovendo a reconciliação. Deve reparar injustiça e almejar criar um jeito novo de viver, primando pela convivência e solidariedade com o mundo e com os irmãos.

Embora não seja um elemento sacramental, a espiritualidade jubilar não pode prescindir de um compromisso ecológico. Com efeito, "um número cada vez maior de pessoas, incluindo muitos jovens e adolescentes, reconhece que o cuidado da criação é expressão essencial da fé em Deus e da obediência à sua vontade" (Francisco, 2022). Nesse sentido, é indispensável transformar em uma *Minima Sacramentalia* a preocupação com a criação, mormente no Ano Jubilar e em face da gritante e desafiadora situação da casa comum.

O Jubileu deve ser um grande Ano Sabático durante o qual se proclama a santidade de Deus e da criação, bem como resgatam-se a vida e a liberdade. Não seria exagero aos cristãos advogarem para si e para o mundo um repouso da criação. Ciente da fluidez do mundo, não se propõe um recesso coletivo, mas considerar a possibilidade de inverter relações sociais e econômicas, definindo-as não apenas na dinâmica do consumo ou da exploração. Muitos, conscientes ou tragados pela engenharia do sistema, ingressaram na lógica do mercado. Consomem em exaustão, não raro, sem a devida necessidade. Demandam, por isso, recursos da casa comum já em processo de esgotamento e apresentando sinais visíveis. Trata-se da crise do antropocentrismo tecnocrático (LS, n. 116ss) que exige um novo humanismo, uma nova concepção de relação entre o ser humano e a criação.

Deve-se recobrar o conceito de que a humanidade é partícipe dessa criação e, portanto, elemento inter-relacionado, a quem compete exercer o papel de guardião da criação, que, a rigor, é o de guardar a própria vida e subsistência.

Concretamente, proclamar este tempo, dentro da mística cristã, implica uma desaceleração do ciclo de consumismo que envolve a todos, motivado, sobretudo, por uma lógica espúria da criação de falsas necessidades, de aparentes desejos. Igualmente, favorecer que novas gerações compreendam a si mesmas como parte e não como colonizadoras da natureza, mensurando os danos que podem causar com sua exploração. Por fim, um compromisso de, mesmo nas menores comunidades, debater e discutir as implicações da ação da comunidade humana na natureza. Igualmente, criar fóruns para discutir a crise ética, antropológica, social e espiritual que macula as relações interpessoais e que, consequentemente, gera uma exploração da casa comum, despreocupada com as implicações que isso pode causar ao próximo.

Largos traços, a espiritualidade deste Ano Jubilar, por meio de sacramentais que lhe são próprios, em regra, ligados à religiosidade popular, "espiritualidade encarnada na cultura do povo simples" (EG, n. 124, 237), ajuda a consolidar e a vivenciar a mística para o jubileu. Recordando, este ano está marcado por uma consciência de abertura à dimensão peregrina e à esperança. Ações como a abertura das Portas Santas, as peregrinações às basílicas romanas, os sacramentos de reconciliação, as indulgências ou o cuidado com a criação concorrem para exteriormente apresentar os sinais de nossa esperança e daquilo que a Igreja quer ser para o mundo, mormente nessa efeméride. Cabe embeber-se do sentido profundo que marca este Ano Jubilar e, por atos de piedade, externar ou reforçar aquilo que é próprio deste tempo.

Conclusão

O Ano Jubilar, *per si*, goza de uma espiritualidade própria advinda da Sagrada Escritura, da teologia e da história. Na perspectiva cristã, essa espiritualidade fala dessa relação fundamental entre o homem, a criação e o Deus trinitário revelado em Jesus Cristo. Igualmente, por razões circunstanciais, cada jubileu, à medida que celebrado e pelo contexto em que estava inserido, gozava de um tema particular que lhe agregava um ainda mais amplo sentido.

O que agora se vive, proposto por Francisco, é herdeiro da tradição bíblica e sustenta a consciência de que Deus rege a história e é o artífice da criação. Decorre disso um compromisso cristão de zelar pela criação, pela integridade das relações humanas e pela comunhão com Deus-trindade, que, ao longo da história da salvação, se revelou à humanidade.

O lema impingido ao Jubileu deste ano também imprime características a uma espiritualidade que pode ser vivida neste tempo. O conceito de "peregrino" recorda a transitoriedade da presença cristã neste mundo, bem como direciona-o ao transcendente, sem deixar de comprometê-lo com o tempo presente. De igual maneira, a esperança permite à humanidade, além de almejar uma realidade futura, permanecer caminhando em direção à sua esperança final: Deus.

Por fim, os sacramentais próprios desse tempo ou que historicamente lhe foram agregados tornam-se valiosos instrumentais que emprestam robustez à dimensão interior do Ano Jubilar. Eles tonificam ou corporificam aquilo que é religiosamente defendido por essa efeméride. As peregrinações, entre outros, acentuam o aspecto peregrino da espiritualidade cristã; as Portas Santas, divisando Cristo como porta das ovelhas, evocam a ideia da meta para a qual a humanidade caminha. Por fim, as indulgências ou os ritos penitenciais invocam a necessidade de reconciliação da humanidade consigo, com Deus e com a criação.

Por fim, cabe neste Ano Jubilar, posto sobre a divisa da esperança, testemunhar, como reclamava Moltmann, que o cristianismo "em sua integridade, e não só como que em apêndice, é escatologia; é esperança, olhar e orientação voltados para a frente, e é também, por isso mesmo, abertura e transformação do presente" (Moltmann, 2005, p. 30). A espiritualidade deste tempo nos convoca, contemplando o futuro, a promover transformação e mudança, fazendo com que a esperança não seja apenas ponto final da vida cristã, mas seu começo e sua motivação.

Referências

AGOSTINHO. *Confissões*. São Paulo: Editora Nova Cultural, 2004.

BARROS, M. Jubileu, sábado de liberdade e graça para toda a Igreja. *Perspectiva Teológica*, n. 32, p. 11-24, 2000.

BENTO XVI. *Carta Encíclica Spe Salvi*. Disponível em: <vatican.va>. Acesso em: 24.08.2024.

CORREIA, J. A. S. Do Éden à Jerusalém Celeste: a peregrinação e o santuário em perspectiva bíblica. *Theologica*, v. 53, n. 1-2, p. 11-29, 2018.

DUMEIGE, G. História da espiritualidade. In: DI FIORE, S.; GOFFI, T. (org.). *Dicionário de espiritualidade*. São Paulo: Paulinas, 1989.

EVERTIS, J. M. Esperança. In: HAWTHORNE, G.; MARTIN, R. (org.). *Dicionário de Paulo e suas cartas*. São Paulo: Paulus/Vida nova/Loyola. 1993.

FRANCISCO, Papa. *Bula Misericordiae Vultus*. São Paulo: Paulinas, 2015.

FRANCISCO, Papa. *Carta do Papa Francisco ao Arcebispo Rino Fisichella pelo Jubileu de 2025 no dia 11.02.2022*. Disponível em: <vatican.va>. Acesso em: 24.07.2024.

FRANCISCO, Papa. *Exortação Apostólica Evangelii gaudium*: sobre o anúncio do Evangelho no mundo atual. São Paulo: Paulus/Loyola, 2013.

FRANCISCO, Papa. *Laudato Si'*: sobre o cuidado com a casa comum. São Paulo: Paulus/Loyola, 2015.

FRANCISCO, Papa. *Mensagem do Santo Padre Francisco para o LXI Dia Mundial de Oração pelas Vocações no dia 21.04.2024b*. Disponível em: <vatican.va>. Acesso em: 21.08.2024.

FRANCISCO, Papa. *Spes non confundit*. São Paulo: Paulus, 2024.

FREIRE, P. *Pedagogia da Esperança*: um reencontro com a Pedagogia do Oprimido. Rio de Janeiro: Paz e Terra, 1992.

GORGULHO, M. L. Ano Jubilar: ideal de igualdade e garantia de cidadania. *Estudos Bíblicos*, Petrópolis, n. 58, p. 43-59, 1998.

JOÃO PAULO II, Papa. *Incarnationis mysterium*: bula de proclamação do grande Jubileu do Ano 2000. São Paulo: Paulus, 1998.

KAPLAN, A. *Enciclopédia do pensamento judaico*. V. III. São Paulo: Maayanot, 2018.

MANZATO, A. O jubileu e sua integral celebração. *Revista de Cultura Teológica*, São Paulo, n. 29, p. 7-21, 1999.

MENDONÇA, J. T. *Que teologia para o nosso tempo?* Conferência Ministrada na PUC-SP, em 19.08.2024 (texto manuscrito).

MOLTMANN, J. *Teologia da esperança*: estudos sobre os fundamentos e as consequências de uma escatologia cristã. São Paulo: Loyola, 2005.

Nova Bíblia Pastoral, São Paulo; Paulus, 2016.

PENITENCIÁRIA APOSTÓLICA. Sobre a concessão da indulgência durante o Jubileu ordinário do ano 2025, proclamado por Sua Santidade, o Papa. In: FRANCISCO, Papa. *Spes non confundit*. São Paulo: Paulus, 2024.

PIANA, G. Esperança. In. FIORES, S; GOFFI, T. (org). *Dicionário de espiritualidade*. São Paulo: Paulinas, 1989. p. 333-340.

REIMER, H.; RICHTER, I. R. *Tempos de graça*: o jubileu e as tradições jubilares na Bíblia. São Leopoldo/São Paulo: Sinodal/CEBI/Paulus, 1999.

SILVA, W. Direito à terra, direito à vida: perspectivas ecológicas a partir de Levítico 25. *Fragmentos de Cultura*, Goiânia, v. 26, n. 4, p. 596-606, out./dez. 2016.

CAPÍTULO II

Aspectos históricos do Jubileu

Ney de Souza

Que a comunidade cristã
seja peregrina da esperança!

Introdução

Na solenidade da Ascensão do ano de 2024, o Papa Francisco proclamou um novo Ano Jubilar. Este Ano Santo terá início na noite do Natal de 2024 e será encerrado no dia 6 de janeiro de 2026. Quais foram os Jubileus da história? Qual o contexto em que foram realizados? Essas e outras questões serão tratadas neste texto. É seu objetivo, portanto, oferecer um sintético percurso histórico sobre os Jubileus realizados ao longo dos séculos. Será oferecido um breve relato do contexto histórico em que cada Jubileu foi convocado. O propósito é oferecer material histórico para vivenciar melhor o Jubileu anunciado pelo Papa Francisco, sendo sempre peregrinos de esperança.

Sem dúvida, "a Igreja tem consciência de quanto a experiência da história contribui para amadurecer suas relações com o mundo". E, "conduzida pelo Espírito Santo, a Igreja, como mãe, 'exorta' seus filhos a se purificarem e a se renovarem, para que o sinal de Cristo brilhe cada vez mais na face da Igreja" (GS, n. 43). Afinal, "a fé se nutre da memória" (Francisco, X, antigo Twitter, 16.08.2018).

Jubileus do século XIV

1300	Bonifácio VIII	*Antiquorum habet digna fidem*
1350	Clemente VI	*Unigenitus Dei Filius*
1390	Urbano VI e Bonifácio IX	*Salvator noster Unigenitus*

A Igreja atravessou, nos séculos XIV e XV, um período de obscurantismo. O rei da França Filipe IV, o Belo (1285-1314), conseguiu impor seu poder à Santa Sé. Durante sessenta anos, o papado foi obrigado a abandonar Roma e instalar-se em Avinhão (1309-1377). A situação foi tão crítica que nesse momento ocorreu o grande cisma do Ocidente, reinando vários papas ao mesmo tempo. A autoridade pontifícia estava em crise, e os papas estavam dominados pelo poder temporal. A retomada da autoridade foi um processo histórico longo. Os problemas estavam resolvidos? Não. Em todos os níveis da hierarquia se constatava uma crise do clero, e os fiéis, na sua maioria, estavam em uma grande confusão. Era a crise da transição da Idade Média para a Modernidade.

Filipe, o rei francês, de caráter autoritário, estava determinado a enriquecer ainda mais o poder que receberá no final do século XIII. Junto com ele estavam legistas e juristas formados em Direito Romano. Estes desenvolveram a ideia da soberania do

Estado representada pelo rei, inclusive o domínio sobre o clero. A Sé Apostólica não renunciara aos princípios tradicionais da teocracia pontifícia, encarnados pelo Papa Inocêncio III e pelo Papa Inocêncio IV. Nesse período, o papado atravessava uma fase de declínio por conta das longas vacâncias no trono de Pedro. Após a morte do Papa Nicolau III (1280), foram necessários seis meses para eleger um novo pontífice; em 1287, foram necessários dez meses e meio para encontrar um sucessor para Honório IV. Após a morte de Nicolau IV (1292), a sede ficou vacante por vinte e sete meses. Foi eleito Celestino V (1294), Pedro Morrone, um eremita de 85 anos. Era um administrador inepto, incapaz, que renunciou após alguns meses. Seu pontificado foi um autêntico desastre para a Igreja (Silveira, 1998, p. 41), um sinal visível do enfraquecimento do papado. O drama desse pontificado "está inserido naquele período nublado da Igreja, em cujo interior havia quem defendesse valores de grande espiritualidade, eremitas, ordens religiosas, monaquismo", mesmo assim "não faltava quem pensasse que se devia pactuar com o poder político" (Santini, 1999, p. 55). Seu sucessor, Bonifácio VIII (1294-1303), por seu temperamento autoritário e violento, quis voltar às pretensões de um domínio universal. O novo papa não havia percebido que os tempos eram outros e que o rei da França obtivera mais poder. Papa e rei estavam com duas vontades semelhantes, mas com interesses opostos; era inevitável o confronto e seria violento (Wolter, 1993, p. 387-390). Em 1296, Filipe aumentou os impostos reais sobre o clero e os bens da Igreja. Com a bula *Clericis laicos*, o papa proibiu os príncipes de se imporem às Igrejas sem autorização da Santa Sé. Bonifácio VIII defendia as imunidades eclesiásticas com um tom incisivo e brutal. O rei vetou a exportação de metais preciosos e expulsou do reino os coletores pontifícios e os banqueiros italianos. No ano seguinte, o papa voltou atrás, preocupado e incomodado com a oposição interna de dois cardeais da família Colonna. Realizou um sinal de paz canonizando São Luís, avô de Filipe (Souza, 2020, p. 167-168). É exatamente nesse contexto que o papa convocou o Jubileu no ano de 1300.

Jubileu 1300. Com a bula *Antiquorum habet digna fide* ("Há um registro digno de fé"), Bonifácio VIII (1294-1303) convocou o Jubileu. Este foi o primeiro Jubileu convocado da era cristã (Santini, 1999, p. 49). O que se afirma é que a iniciativa teria sido dos fiéis que desejavam comemorar e celebrar a passagem do século. O papa concedeu indulgência àqueles que visitassem a Basílica de São Pedro no Vaticano e a de São Paulo Extramuros. Assim, é possível estabelecer desde este primeiro Jubileu os aspectos centrais: peregrinação e indulgência. A bula afirma que os romanos deveriam visitar as duas basílicas por trinta dias contínuos ou intercalados ou ao menos uma vez por dia, enquanto os de fora, por quinze dias (Silveira, 1999, p. 46). A indulgência é uma graça especial concedida àquelas pessoas que, arrependidas de seus pecados e absolvidas no sacramento da Penitência (Reconciliação, Confissão), realizam uma obra de piedade (Catecismo da Igreja Católica, n. 1471-1479). Outro componente do Jubileu é a bula de sua convocação; ela o convoca e estabelece as orientações para sua celebração. Inicialmente, havia uma bula curta que estabelecia a realização desta celebração de cem em cem anos, mas essa normativa logo seria mudada. Naturalmente, a cidade de Roma era bem outra que esta do século XXI. A Basílica São Pedro era outra; a cidade, cercada pelos muros, tinha, segundo alguns relatos, cerca de vinte mil habitantes. A logística deve ter

Aspectos históricos do Jubileu

sido bem complicada na ocasião do Jubileu. O Ano Jubilar foi um evento singular, esplendoroso. Gozou, inclusive, de efeitos no campo político. Embora uma ação sazonal, ele apresentou ótimos resultado dentro daquilo que se entendia como o poderio da cristandade. Personagens de enorme importância visitaram a cidade eterna. Quanto ao aspecto pastoral, foi uma realidade alvissareira. Foi um ano de forte apelo e aspirações escatológicas, componente fundamental da religiosidade deste período (Montanari, 1993, p. 89). Contudo, as glórias do Jubileu duraram pouco tempo.

No final de 1301, o papa suspendeu os privilégios régios e convocou um sínodo de bispos franceses para salvaguardar as liberdades eclesiásticas. Em 1302, Bonifácio VIII publicou a bula *Unam Sanctam* e ameaçou o rei de excomunhão. O documento utiliza fórmulas que expõem o conjunto da doutrina pontifícia sobre as relações da Igreja com o poder temporal. Há apenas uma Igreja, um único corpo com um só chefe, Cristo e seu vigário; fora dessa Igreja não há salvação; as duas espadas (a espiritual e a temporal) estão em poder da Igreja; reis estão submetidos ao comando do sacerdócio; o papa não pode ser julgado por nenhum homem; o poder espiritual tem autoridade para instituir e julgar o poder temporal; a obediência ao pontífice romano é necessária à salvação. Trata-se de um dos documentos mais discutidos do governo pontifício no período medieval. Em si, a bula não contém nada de novo. Sua teologia política foi professada por todos os papas do século XIII. O conselheiro do rei, Guilherme de Nogaret, considerava Bonifácio VIII usurpador, cismático e herege; persuadiu Filipe IV a convocar um concílio para depor o papa. Em junho de 1303, diante de uma assembleia composta de quarenta bispos, o jurista Guilherme de Plaisians enumerou

Ano Jubilar "peregrinos de esperança"

vinte e nove motivos de acusação contra o papa, entre eles heresia, simonia, sodomia e idolatria. O papa preparou uma bula de excomunhão do rei. Spalleggiato da Sciarra Colonna, irmão de cardeais, invadiu o palácio pontifício de Anagni (residência de verão do papa nesse período), pois Filipe, indignado com as pretensões do papa, mandara prendê-lo e esbofeteá-lo. Em toda a história da Igreja nunca havia acontecido isso. O papa foi libertado pela população local. Em meio à pilhagem, Nogaret notificou o papa a respeito do concílio. Bonifácio faleceu no dia 11 de outubro de 1303. Anagni é um acontecimento importante para o papado, pois ali a Igreja fora humilhada pelo poder temporal. Anagni está na origem de um declínio do poder espiritual que não conseguirá reerguer-se por um longo tempo. O evento é também o fim das grandes pretensões teocráticas e, em certo sentido, é o fim da estrutura da Igreja medieval. Era o outono medieval, e Bonifácio procurava, em vão, frear o curso da história (Souza, 2020, p. 168-169).

Diante da queda do poder pontifício e da ascensão de Filipe IV, o Belo. e por sua imposição, o papado foi transferido de Roma para Avinhão (1309-1377), cidade situada no condado da Provença, sul da França. Esse período é retratado na história como "exílio" ou "cativeiro babilônico".

Jubileu de 1350. Este foi um Jubileu sem a presença do papa. A população solicitou a Clemente VI (1342-1352) que se respeitasse a tradição judaica e se convocasse um Jubileu a cada cinquenta anos (Lv 25,8-13). Assim, através da bula *Unigenitus Dei Filius* ("O Filho unigênito de Deus"), o papa convocou o Jubileu. Foi acrescentada a peregrinação à Basílica São João de

Latrão, catedral de Roma, e a São Paulo Extramuros (Mondin, 1995, p. 253). O papa não participou das celebrações, pois se encontrava em Avinhão.

Jubileu de 1390. O século XIV foi trágico para a instituição católica. No período de Avinhão o papa retorna a Roma (1378), quando se dá o grande cisma do Ocidente; dois papas pretendiam a legitimidade de sua eleição. No começo do século XV, serão três papas. A confusão terminou em 1417, após o Concílio de Constança (1414-1417). Não foram celebrados Jubileus em 1325 e 1375. Neste contexto de Avinhão e do cisma, foram realizados os Jubileus de 1390 e 1400. Convocado pelo Papa Urbano VI (1378-1389) através da bula *Salvator noster Unigenitus* ("Nosso unigênito Salvador"), ocorreu o Jubileu de 1390. O papa propôs a realização de Jubileus a cada trinta e três anos, tradicionalmente a vida de Cristo. Com a morte do papa, seu sucessor Bonifácio IX (1389-1404) prosseguiu a convocação e acrescentou a peregrinação à Basílica de Santa Maria Maior.

Jubileus do século XV

1400	Bonifácio IX	
1423	Martinho V	
1450	Nicolau V	*Immensa et innumerabilia*
1475	Paulo II e Sisto IV	*Ineffabilis Providentia* *Salvator noster Dei Filius*

O século XIV é bastante conturbado, resultado dos desdobramentos das questões medievais de nepotismo, simonia e concubinato. Houve o cisma do Ocidente, com três papas ao mesmo tempo até chegar o Concílio de Constança (1414-1417). O conciliarismo (o concílio considerado superior ao papa) ronda a estrutura da instituição. A um século da Reforma Protestante (1517), diversas vozes apareceram exigindo uma reforma que abrangesse o cabeça e os demais membros da instituição. No século XV, foram realizados quatro Jubileus.

Jubileu de 1400. Vários fiéis desejavam comemorar a passagem do século através de peregrinações a Roma. O Papa Bonifácio IX (1389-1404), mesmo não tendo convocado oficialmente o Jubileu (não foi encontrada nenhuma bula, apesar de haver muitos documentos referentes ao evento), abençoou os fiéis, concedendo indulgências. Neste período ocorreram grandes fenômenos de ascetismo e relatos de flagelados que chegaram a Roma das diversas partes da Itália (Rendina, 1993, p. 450). Tem início a construção de hospitais, hospedagens e cemitérios, sempre pensando nos peregrinos. Era o tempo do humanismo e da renascença, deixando uma marca fortíssima nas artes em geral, com os papas mecenas. O evento jubilar ocorre no período do grande cisma. Bonifácio IX morava em Roma, e Bento XIII (antipapa), em Avinhão. Em Roma reinava a rivalidade entre duas famílias nobiliárquicas: Colonna e Orsini. No ano de 1400, os Colonna realizaram um atentado contra o papa, o qual se refugiou no Castelo Sant'Angelo. Outro evento trágico foi a peste que se espalhou matando milhares de pessoas. Um jovem, Bernardino de Sena, destacou-se ao ajudar muitos neste momento de grande sofrimento. No Jubileu de 1450, ele será canonizado pelo Papa Nicolau V. Nesse período, ocorreu o comércio de indulgências, tema posterior para a Reforma Protestante. O papa revogou todas as indulgências plenárias concedidas (Silveira, 1998, p. 56).

Jubileu de 1423. Foi um Ano Jubilar extraordinário. Apesar de nunca ter sido encontrada a bula de convocação, documentos posteriores confirmam sua celebração. A justificativa desta data, neste pontificado de Martinho V (1417-1431), se encontra na proposta de Urbano VI de celebrar o Jubileu a cada trinta e três anos (suposta idade de Jesus Cristo), tomando como base o ano de 1390 (Rendina, 1993, p. 463). No ano de 1422, o papa, que era da família dos Colonna, convidou o grande pregador Bernardino de Sena para preparar o ano do perdão. Consta que, pela primeira vez, teria sido aberta a Porta Santa na Basílica de Latrão (outros historiadores afirmam que o fato ocorreu a partir de 1500). As Portas Santas, presentes nas quatro basílicas romanas e símbolo do Jubileu, são abertas no Ano Santo, sendo esses tempos especiais de graça e perdão.

Jubileu de 1450. O Papa Nicolau V (1447-1455), respeitando o intervalo de cinquenta anos, convocou o Jubileu através da bula *Immensa et innumerabilia* ("Imenso e inumerável"). O papa visitou várias vezes as basílicas e ordenou a exposição de relíquias para a piedade dos fiéis. Iniciou o costume de realizar canonizações no período do Jubileu. Canonizou, como escrito anteriormente, Bernardino de Sena. Iniciou restaurações na Basílica de São Pedro, deu início ao que é hoje a Biblioteca do Vaticano, transferiu a sede papal do Palácio do Latrão para o Palácio do Vaticano, ao lado da Basílica de São Pedro. Os papas residiram neste palácio até o pontificado de Bento XVI (2005-2013). O Papa Francisco (2013) reside, atualmente, na Casa Santa Marta, no lado oposto do palácio. Um dos problemas deste Ano Jubilar e, de outros, foi a péssima infraestrutura na cidade de Roma; além disso, outra peste ocorreu durante o Jubileu (Souza, 2020,

p. 183). Fato é que, apesar dos graves incidentes, o Jubileu revela o centro da unidade católica em torno do sepulcro dos apóstolos.

Jubileu de 1475. No ano de 1470, o Papa Paulo II (1464-1471) publicou a bula *Ineffabilis Providentia* ("Providência inefável"), convocando o Jubileu e estabelecendo que deveria ser realizado a cada vinte e cinco anos. Com sua morte, o sucessor, Papa Sisto IV, confirmou a decisão através da bula *Salvator noster Dei Filius* ("Nosso Salvador, o Filho de Deus"). Durante o Jubileu, dentre outras atividades, restauraram-se igrejas e monumentos em Roma. Na política, o papa seguiu o nepotismo reinante, nomeando membros de sua família e criando cardeais sem espiritualidade e repletos de politicagem, fausto e mundanismo (Silveira, 1998, p. 60). Em seu mecenatismo, realizou diversas restaurações na cidade de Roma. Deu início às obras da Capela Sistina. No final do Jubileu, ocorreu uma grande tragédia: chuvas inundaram a cidade de Roma, trazendo mortes e mais uma epidemia. O papa prorrogou o final do Jubileu para a Páscoa de 1476. O que não diminuía era a piedade dos fiéis.

Jubileus do século XVI

1500	Alexandre VI	*Inter Multiplices*
1525	Clemente VII	*Inter sollecitudines*
1550	Júlio III	*Si pastores ovium*
1575	Gregório XIII	*Redemptor noster*

A Europa nos séculos XV e XVI foi palco de grandes transformações, convencionalmente consideradas marcos da Modernidade. Na política, ocorreu a centralização do poder, que

Aspectos históricos do Jubileu

acompanhou a formação dos estados modernos. Na cultura, houve o desdobramento do movimento humanista e o Renascimento. Na religião, quebrou-se a unidade cristã com a Reforma Protestante (1517). Na economia, com o capitalismo nascente, romperam-se muitas relações feudais.

Nos fins da Idade Média, a palavra "reforma" era usada com o significado de purificação interior do fiel e de busca da regeneração da Igreja Católica. Os reformadores religiosos que com ela romperam passaram a empregar "reforma" para designar o movimento geral de transformação religiosa – não só na Igreja Católica como também, e até principalmente, fora dela. O termo hoje abrange tanto a Reforma Protestante como a Católica, se bem que na historiografia uma corrente aponte a Reforma Católica como Contrarreforma. O movimento reformista já existia na Igreja bem antes da Reforma Protestante. Esse foi o grande estopim para que a Igreja Católica resolvesse, embora lentamente devido a vários fatores, encaminhar a sua reforma, efetivada teoricamente no Concílio de Trento (1545-1563), evento de enorme importância para a Igreja Católica (Souza, 2020, p. 181, 184, 185). Neste século foram realizados quatro Jubileus.

Jubileu de 1500. O Papa Alexandre VI (1492-1503) convocou o Ano Santo, expressão atribuída a ele, com a bula *Inter Multiplices* ("Entre múltiplos"). O papa, mergulhado em seu contexto, era uma pessoa inteligente, hábil e com um pouco de mística religiosa. A descrição feita pelos romanos é uma das mais severas: "o homem mais carnal" que já se viu, principalmente no meio eclesiástico. O escritor e historiador francês Daniel Rops escreveu que Alexandre VI era incapaz de resistir às tentações: da carne e da mesa (1996, p. 213-218). Ligado ao voto de castidade, nunca teve escrúpulos em transgredi-lo, nem como padre, nem como cardeal, nem como papa. São inúmeros os casos relatados relacionados a mulheres, filhos e transgressões de sua vida. Mas foi dos quatro filhos que teve com a romana Vannozza dei Cattanei que mais se falou: César, João, Jofre e Lucrécia. Alexandre VI concentrou sua atenção e afeto a esses filhos, dando-lhes uma vida principesca quando foi eleito papa (Souza, 2022, p. 92, 93).

Um dos motivos estratégicos para a convocação do Jubileu, além de estar na cronologia histórica, foi superar a "ressonância suscitada na Igreja e em todo o mundo católico pela pregação de Jerônimo Savonarola, cuja figura de moralizador dos costumes e reformador no sentido democrático das leis tornara-se lendária, sobretudo entre as classes populares" (Santini, 1999, p. 98). O reformador dominicano, através de suas pregações em Florença, atacava o papa e por ele foi excomungado como herético. Acabou sendo condenado à morte em 1498 pelos senhores de Florença.

Alexandre VI abriu, com um martelo, a Porta Santa da Basílica de São Pedro na Vigília do Natal de 1499 e entoou a oração composta por ele próprio para a cerimônia. No rito, consta a meditação do Salmo 118,19: "Abri para mim as portas da justiça, e entrarei para dar graças ao Senhor. Esta é a porta do Senhor, pela qual só os justos podem entrar". Há ainda a referência a Jesus, chamado de porta: "Eu sou a porta; quem entrar por mim será salvo; entrará e sairá e encontrará pastagem" (Jo 10,9). A partir deste rito, marcado por um novo simbolismo, a abertura das Portas Santas se tornará elemento importante para os Anos Santos.

Aspectos históricos do Jubileu

No decorrer do Ano Santo, em junho e em novembro, caiu sobre Roma uma tempestade que fez o rio Tibre transbordar e encheu as ruas de água e lama. A Porta Santa foi fechada somente na Epifania. Estava presente, neste Jubileu, outra questão problemática: a venda e a compra de indulgências, um dos temas das noventa e cinco teses de Lutero. Alexandre VI foi um grandioso monarca e um péssimo papa (Rendina, 1993, p. 495).

Jubileu de 1525. Através da bula *Inter sollecitudines* ("Entre as preocupações"), o Papa Clemente VII (1523-1534) convocou o Jubileu. Período difícil, pois a Reforma Protestante estava em curso. Em 1520, o Papa Leão X havia excomungado Martinho Lutero. Na política geral da Europa, duas potências, Alemanha e França, estavam em guerra. Em 1523, foi eleito um membro da poderosa família fiorentina dos Medici como papa. Apesar das dificuldades internas na Igreja, em razão das indulgências, o papa abriu a Porta Santa no Natal de 1524, dando início ao Ano Santo. Em razão da situação geral, o número de peregrinos foi pequeno e, em agosto, uma nova epidemia dificultou ainda mais o Ano Jubilar.

Jubileu de 1550. Poucos dias após sua eleição, o Papa Júlio III (1550-1555) convocou o Jubileu com a bula *Si pastores ovium* ("Se pastores de ovelhas"). Além do Jubileu, o papa deu continuidade ao Concílio de Trento (1545-1563), convocado pelo seu antecessor, o Papa Paulo III. A expansão do protestantismo era um fato. A presença de peregrinos foi escassa em razão das guerras na Europa. Filipe Néri e Inácio de Loyola, fundadores, respectivamente, dos oratorianos e dos jesuítas, estiveram presentes neste Jubileu. No Ano Jubilar, foi fundado em Roma o Colégio Romano, futura Universidade Gregoriana.

Jubileu de 1575. Este foi o primeiro Jubileu após o encerramento do Concílio de Trento (1563). O Ano Santo foi convocado pelo Papa Gregório XIII (1572-1585) através da bula *Redemptor noster* ("Nosso Redentor"). Alguns historiadores (Santini, 1998, p. 72) afirmam que a cidade de Roma contava com quarenta e cinco mil habitantes. Muitas obras foram realizadas, dentre elas a abertura da Via Merulana, que liga a Basílica Santa Maria Maior à Basílica São João de Latrão. Um dos grandes peregrinos foi Carlos Borromeu, arcebispo de Milão, fundador das congregações da família escalabriniana e grande reformador do culto católico. Outro personagem importante foi Filipe Néri, organizador da Confraria da Santíssima Trindade dos Peregrinos, para cuidar dos muitos peregrinos, independentemente de sua nacionalidade.

Jubileus do século XVII

1600	Clemente VIII	*Annus Domini placabilis*
1625	Urbano VIII	*Omnes gentes*
1650	Inocêncio X	*Appropinquat dilectissimi Filii*
1675	Clemente X	*Ad Apostolicae vocis oraculum*

Diversas são as problemáticas do século XVII que afetaram a sociedade e a instituição religiosa: Guerra dos Oitenta Anos (1568-1648) e Guerra dos Trinta Anos (1618-1648), esta última finalizada pela Paz de Westfália (1648). Alguns movimentos espirituais e teológicos agitaram este século: jansenismo e quietismo. Outros tiveram início em momento anterior e desencadearam-se das situações do século XVII: galicanismo, josefismo e iluminismo (Souza, 2020, p. 251-264). Neste século foram realizados, seguindo a tradição dos vinte e cinco anos, quatro Jubileus.

Jubileu de 1600. Foi convocado pelo Papa Clemente VIII (1592-1605) através da bula *Annus Domini placabilis* ("O ano do Senhor é pacífico"). Seu papel foi relevante na acolhida aos peregrinos e no cuidado dos pobres, apesar de sua enfermidade (Silveira, 1998, p. 79). A organização do evento foi melhor que em Jubileus anteriores. O Jubileu é um evento espiritual e, neste, foi forte o clima de medidas severas contra qualquer coisa que pudesse interferir na Reforma Católica. A atuação do Santo Ofício, como parte do programa de controle, condenou várias pessoas, entre as mais conhecidas Giordano Bruno (Mondin, 1995, p. 362).

Jubileu de 1625. O segundo Jubileu do século foi convocado pelo Papa Urbano VIII (1623-1644) com a bula *Omnes gentes* ("Todos os povos"). Pela primeira vez as indulgências seriam concedidas àqueles que não poderiam ir a Roma: enfermos, eremitas, anacoretas (trapistas, camaldulenses), idosos, presidiários. Foi esse papa que ordenou a retirada do bronze do Panteão para utilizá-lo na construção do baldaquino feito por Bernini sobre o sepulcro de São Pedro. O papa pertencia à nobre família Barberini e não escapou do nepotismo. Era mais um príncipe do que um pontífice, mais um governador do que um pastor (Silveira, 1998, p. 82). Como em outros Jubileus, houve canonizações, como a de São Francisco Borja e a de Santa Isabel, rainha de Portugal.

Jubileu de 1650. Nesta data o Papa Inocêncio X (1644-1655) proclamou um novo Jubileu com a bula *Appropinquat dilectissimi Filii* ("Ele se aproxima de seu Filho amado"). A novidade foi a indulgência estendida para alguns territórios de missão. A população de Roma já passava de cem mil habitantes. Muitos foram os peregrinos neste Ano Santo. Durante este pontificado, foi encerrada a Guerra dos Trinta Anos (1648).

Jubileu de 1675. *Ad Apostolicae vocis oraculum* ("Ao oráculo da voz apostólica") é a bula de convocação do último Jubileu deste século, convocado pelo Papa Clemente X (1670-1676). Neste período, o Coliseu é proposto como lugar sagrado para honrar os mártires cristãos. Como nos Jubileus passados, os chefes de Estado foram convidados. A abertura foi grandiosa (Silveira, 1998, p. 89; Santini, 1999, p. 135). Este Ano Jubilar, além da participação das confrarias e da ex-rainha da Suécia, Cristina, convertida ao catolicismo, a cidade de Roma ganhou novas obras em suas igrejas e praças pelas mãos de Carlo Fontana, responsável pelo obelisco no centro da Praça São Pedro, e de Francesco Borromini, com uma interminável lista de obras de arte produzidas.

Jubileus do século XVIII

1700	Inocêncio XII e Clemente XI	*Regi saeculorum*
1725	Bento XIII	*Redemptor et Dominus noster*
1750	Bento XIV	*Peregrinantes a Domino*
1775	Clemente XIV e Pio VI	*Salutis nostrae autor*

A instituição religiosa, no século das luzes (iluminismo), era acusada de ser um obstáculo para o desenvolvimento da ciência e do progresso. Interessante é perguntar: o que é progresso? O que é ciência? O progresso e a ciência sempre devem contribuir para o bem-estar de todos, para a dignidade da pessoa e para o cuidado com a obra da criação. Dentre as situações provocadas pelo iluminismo, está a supressão da Companhia de Jesus (1773), os jesuítas. Por esse acontecimento, é possível verificar a mínima influência da Igreja Católica na sociedade deste período.

A base fundamental dessa filosofia era a razão moderna, que deveria encarnar-se no modo de pensar de uma civilização, na sua constituição estatal e na sua organização sociocultural. A razão iluminada é aquela que estabelece uma nova moral não mais baseada na autoridade de princípios divinos, mas sim fundamentada na regularidade da natureza. Neste século das luzes, também foram convocados quatro Jubileus.

Jubileu de 1700. O Ano Santo foi convocado pelo Papa Inocêncio XII (1691-1770), através da bula *Regi saeculorum* ("Rei dos tempos"). Ao falecer, em setembro, seu sucessor Clemente XI deu sequência e encerrou o Ano Santo. Inocêncio XII, idoso e doente, repassou algumas das atividades do Jubileu a cardeais. Em setembro, acreditando estar melhor de saúde, foi ao Vaticano para acompanhar o Ano Santo, mas veio a falecer. Foi uma lástima para os peregrinos irem a Roma e encontrarem a sede vacante. Em 23 de novembro, foi eleito o novo papa, Clemente XI (1700-1721). No dia 26 de novembro, uma tempestade inundou as ruas da cidade de Roma. Ficaram por oito dias canceladas as visitas à Basílica de São Paulo Extramuros, substituída pela Basílica de Santa Maria em Trastevere.

Jubileu de 1725. Com a bula *Redemptor et Dominus noster* ("Redentor e Senhor nosso"), o Papa Bento XIII (1724-1730) convocou o Ano Santo. Neste mesmo ano, ocorreu o Sínodo da Diocese de Roma. O papa era um grande asceta. Nesta linha, canonizou João da Cruz, Luís Gonzaga, João Nepomuceno e Estanislau Kostka. Através dessas canonizações, demonstrou sua ideia

Ano Jubilar "peregrinos de esperança"

de valorizar aspectos espirituais e morais do cristianismo. Maria Clementina foi uma das grandes personalidades deste Jubileu. Sobrinha do rei da Polônia, foi apresentada para ser esposa de James Stuart da Inglaterra. Durante o Jubileu, foi inaugurada a escadaria que liga a Praça de Espanha à Igreja Trinità dei Monti. O papa se ocupou totalmente da parte espiritual e delegou ao cardeal Coscia a atividade financeira, o que se mostrou um grave erro. Seu sucessor, o Papa Clemente XII (1730-1740), excomungou o cardeal e o condenou a dez anos de reclusão por ter dilapidado o patrimônio do Vaticano. A pena, todavia, foi convertida em multa; reabilitado, o cardeal participou ainda do conclave de 1740, que elegeu o papa Bento XIV.

Jubileu de 1750. *Peregrinantes a Domino* ("Peregrinos do Senhor") é a bula de convocação deste Jubileu, convocado pelo Papa Bento XIV (1740-1758). Houve uma grande exortação à penitência e à pregação, sobretudo por parte de São Leonardo de Porto Maurício, frade franciscano e promotor da via-sacra. O Jubileu estabelecia a confissão como condição indispensável para alcançar a indulgência. No interior da cultura iluminista, a intenção era reacender a chama da fé. Este pontífice foi considerado o grande papa do século XVIII.

Jubileu de 1775. *Salutis nostrae autor* ("O autor da nossa salvação") é o título da bula que convocava o Ano Jubilar. Ela foi redigida por Clemente XIV (1769-1774), um papa conventual (frade menor), que havia suprimido a Companhia de Jesus, os jesuítas. Faleceu, todavia, antes de iniciar o Jubileu. O Papa Pio VI (1775-1799), seu sucessor, foi quem abriu e conduziu o Ano Santo. O absolutismo dos estados era cada vez mais intenso; bens da Igreja foram confiscados em nome do direito legal. Estava próximo o início da Revolução Francesa (1789). O Ano Jubilar não teve grandes novidades, e os peregrinos foram dispensados do número obrigatório de visitas às basílicas.

Jubileus do século XIX

| 1825 | Leão XII | *Quod hoc ineunte saeculo* |
| 1875 | Pio IX | *Gravibus Ecclesiae* |

Após a Revolução Francesa (1789-1799) e as primeiras movimentações do século XIX, a instituição religiosa acredita que o seu antigo projeto de cristandade seja o melhor modelo de relacionamento entre Igreja e sociedade. Luta com todas as suas forças para restaurar uma sociedade carcomida, em um processo longo desde a Reforma Protestante, que teve um suporte forte do humanismo e entrou completamente no território da Modernidade. No seu desdobrar, três elementos surgem como força do capitalismo, que apresentava suas raízes no mundo medieval: a Revolução Industrial, a Francesa e a gigantesca e acelerada mudança social. Será um século de dois longos e ativos pontificados: Gregório XVI (1831-1846) e Pio IX (1846-1878). Nele, houve a convocação e realização do Concílio Vaticano I (1869-1870) e o início da Doutrina Social da Igreja, com a publicação da encíclica *Rerum Novarum* (1891), de Leão XIII (1878-1903). Devido a situações pontuais do contexto, serão realizados apenas dois Jubileus neste século. O Jubileu de 1800 não pôde ser realizado devido aos conflitos na Europa após a Revolução Francesa: a cidade de Roma estava ocupada pelas tropas francesas. O Papa

Pio VI havia morrido no exílio, e seu sucessor, Pio VII (1800-1823), eleito em Veneza, só pôde retornar a Roma tempos depois. Portanto, na passagem do século não foi realizado o Ano Santo. Nem mesmo em 1850, agora devido aos conflitos da unificação italiana, pois o Papa Pio IX estava exilado em Gaeta, cidade litorânea nas cercanias de Roma.

Jubileu de 1825. O Papa Leão XII (1823-1829) convocou o Jubileu através da bula *Quod hoc ineunte saeculo* ("Que no início deste século"). O Ano Santo foi celebrado em um verdadeiro clima de tensão devido ao contexto conturbado nos desdobramentos dos eventos pós-revolucionários. O papa foi alertado, pelos governos da Europa, da condição violenta do território e do perigo do deslocamento dos fiéis. A bula afirmava que seria um ano de expiação, perdão, redenção, graça, remissão e indulgências. O papa, inamovível, manteve o Jubileu. Houve participação de fiéis e de grandes personagens do cenário político europeu. Durante os Jubileus, eram proibidas diversas atividades em Roma, todas ligadas ao divertimento.

Jubileu de 1875. Pio IX convocou o Jubileu através da bula *Gravibus Ecclesiae* ("Aos túmulos da Igreja"). Foi um Jubileu menor, ou seja, com o conflito entre o papa e o rei italiano Vittorio Emanuele, relativo à questão da perda de território do Estado Pontifício em razão da unificação italiana, as Portas Santas não foram abertas. O papa se considerava "prisioneiro" em seu próprio palácio. Houve uma quantidade bem menor de peregrinos.

Jubileus do século XX

1900	Leão XIII	*Properante ad exitum saeculo*
1925	Pio XI	*Infinita Dei misericordia*
1933	Pio XI	*Quod nuper*
1950	Pio XII	*Jubilaeu maximum*
1975	Paulo VI	*Apostolorum limina*
1983	João Paulo II	*Aperite portas Redemptori*

O intuito da instituição religiosa, no início do século XX, era estigmatizar as tendências de determinados exegetas, teólogos, filósofos, historiadores que utilizavam os métodos de crítica histórica e literária a fim de encontrar pontos de concordância entre a doutrina católica e as descobertas da ciência. A crise atinge sobretudo o universo dos clérigos, seminaristas e intelectuais, mas não o grande público. Ela surge dentro de uma ciência eclesiástica há muito tempo paralisada pela desconfiança e incompreensão; as ciências religiosas passaram a ser alimentadas pela cultura laica e por essas descobertas científicas, elaboradas à margem da ortodoxia. Nesse cenário, é eleito Giuseppe Sarto (lema de pontificado "Restaurar tudo em Cristo") no primeiro conclave do século XX, em 1903. O novo papa, Pio X (1903-1914), dentre outras atividades, usará de uma repressão antimodernista. O século também se inicia com o nascimento e desdobramento do movimento litúrgico, do ecumênico e do bíblico, sempre na esteira da *Nouvelle Théologie*. Serão vivenciadas as catástrofes das duas Guerras Mundiais, do comunismo, do nazismo e do fascismo. A instituição católica caminhará lentamente na possibilidade de diálogo com a sociedade contemporânea. O grande evento do século será o Concílio Vaticano II (1962-1965), durante o

Ano Jubilar "peregrinos de esperança"

pontificado de João XXIII (1958-1963) e de Paulo VI (1963-1978). Serão seis os Jubileus no século XX.

Jubileu de 1900. *Properante ad exitum saeculo* ("A caminho do final do século") é a bula de convocação do Ano Santo do Papa Leão XIII. Durante o Jubileu, foram construídos diversos monumentos em honra a Cristo por toda a Itália. Ainda se respiravam ares difíceis na relação com os estados liberais e com o anticlericalismo. O Ano Jubilar, mesmo nesta situação, seria completo. Em Bolonha foi criado um comitê internacional para promover a devoção a Cristo Redentor. Várias organizações diocesanas sistematizaram o setor de hospedagem dos fiéis. Inúmeras foram as peregrinações. Contudo, no segundo semestre foi assassinado o rei da Itália, Umberto I (Santini, 1999, p. 203-204). O país ficou comovido e perguntando se haveria enterro cristão, pois o rei convivia com uma amante. Foi realizado um congresso anticlerical para comemorar os trezentos anos da condenação de Giordano Bruno, e o governo proibiu manifestações públicas. A maçonaria fez uma paródia da visita às basílicas: o Panteão, o Janícolo, o Capitólio e a Porta Pia. Os anticlericais retiraram a cruz colocada no Coliseu em 1750 (Silveira, 1998, p. 116-117). E, mais uma vez, a tempestade castigou a cidade de Roma. O Jubileu teve seu encerramento com Leão XIII fechando a Porta Santa no Natal de 1900.

Jubileu de 1925. O Papa Pio XI (1922-1939) convocou o Jubileu com a bula *Infinita Dei misericordia* ("A infinita misericórdia de Deus"). O Ano Santo teve um caráter preponderantemente missionário. O Jubileu desejava focar em temáticas importantes: a paz entre os povos, o retorno dos acatólicos e a problemática da Terra Santa. O papa instituiu a solenidade de Cristo Rei. A Itália vivia o tempo de Benito Mussolini, e a imprensa polemizou sobre a realização ou não do Jubileu. Como o país vivia as consequências da Primeira Guerra Mundial (1914-1918), seria difícil transportar e acomodar os peregrinos. Mesmo neste contexto, a preparação seguiu em frente. Solenemente, no Natal de 1924 o papa inaugurou o Ano Santo. Foi grande a afluência de peregrinos de toda a Europa, com exceção da Rússia, que havia fechado as fronteiras, bem como da América, da África e da Ásia. Muitos peregrinos chegaram de avião. Houve várias canonizações, entre elas a de Santa Teresa do Menino Jesus e de São Pedro Canísio. Foi lançada a pedra fundamental do novo prédio da Universidade Gregoriana e foi feita a reposição da cruz no Coliseu.

Jubileu 1933. O Jubileu Extraordinário da Redenção foi convocado por Pio XI através da bula *Quod nuper* ("Que recentemente"). O Ano Santo quis lembrar mais um aniversário da morte redentora de Jesus. A mensagem do papa, pela primeira vez, foi escutada por meio do rádio. O Jubileu teve início no Domingo da Paixão, em abril, e se estenderia até a Páscoa de 1934. Inúmeros foram os peregrinos vindos de todas as partes. Durante o Jubileu foi canonizado São João Bosco, fundador da Pia Sociedade São Francisco de Sales, os salesianos.

Jubileu de 1950. A bula *Jubilaeu maximum* ("O maior Jubileu"), de Pio XII (1939-1958), anunciava o novo Jubileu. O Ano Santo deu grande ênfase à construção da paz, após cinco anos do término da Segunda Guerra Mundial. O afluxo de peregrinos de todas as camadas sociais e políticas foi grande. Em plena época contemporânea, foi uma demonstração de força por parte

Ano Jubilar "peregrinos de esperança"

da Santa Sé. Entre as canonizações, estava a de Maria Goretti, assassinada em 1902. Foi proclamado o dogma da Assunção. Em 1954, ocorreu um Jubileu extraordinário para comemorar o centenário da proclamação do dogma da Imaculada Conceição. Foram realizados diversos congressos mariológicos internacionais. O próximo Jubileu ocorrerá após o Concílio Vaticano II (1962-1965), sob novos ares da relação entre a instituição religiosa e a sociedade contemporânea.

Jubileu de 1975. Foi convocado pelo Papa Paulo VI (1963-1978) através da bula *Apostolorum limina* ("Limiares dos Apóstolos"). Após o Concílio Vaticano II e diante das transformações da contemporaneidade, haveria sentido em um Jubileu? Essa foi uma discussão por parte de alguns membros da instituição religiosa. O Ano Santo foi realizado e tornou-se um grandioso evento. Este Jubileu foi marcado por sua transmissão nos grandes meios de comunicação social. Houve um grande afluxo de peregrinos, canonizações e um enorme esforço por parte do papa para a recepção do Vaticano II, especialmente nas temáticas do ecumenismo e do diálogo inter-religioso. Uma grande proposta do Jubileu foi a renovação interior da pessoa e a reconciliação com Deus e com a sociedade em busca da liberdade, da justiça, da unidade e da paz.

Jubileu de 1983. João Paulo II, através da bula *Aperite portas Redemptori* ("Abri as portas ao Redentor"), convoca o Jubileu. Outros ainda seriam convocados: Jubileu dos jovens (1984) e Jubileu mariano (1987). Este Jubileu de 1983 teve a finalidade de se relacionar com o de 1933, mas também de comemorar o 1950º aniversário da Redenção. As novidades deste Jubileu foram:

a não obrigatoriedade da peregrinação às quatro basílicas patriarcais de Roma (São Pedro, segundo a tradição, da sepultura do Apóstolo Pedro; São João no Latrão, considerada a mãe de todas as igrejas católicas, catedral da Diocese de Roma; Santa Maria Maior, uma das mais antigas igrejas marianas do mundo; e São Paulo Extramuros, onde, segundo a tradição, está sepultado o Apóstolo Paulo) e a autorização ao episcopado para fixar igrejas em suas dioceses que concederiam as indulgências. No Brasil, entre outras, o Santuário de Aparecida (SP), a Catedral da Sé de São Paulo e a Basílica do Bonfim (BA) foram escolhidas como lugares de peregrinação ao longo do Ano Jubilar. Não obstante esses fatos, o número de peregrinos foi grandioso em Roma. Com o Jubileu dos jovens em 1984, nascem as Jornadas Mundiais da Juventude, com enorme afluência de jovens e adultos. O Jubileu mariano tem um caráter principal de aprofundar a participação de Maria Santíssima no Mistério da Redenção (Santini, 1998, p. 139).

Jubileus do século XXI

2000	João Paulo II	*Incarnationis mysterium*
2015	Francisco	*Misericordiae vultus*
2025	Francisco	*Spes non confundit*

Jubileu de 2000. Com a bula *Incarnationis mysterium* ("O mistério da Encarnação"), o Papa João Paulo II convoca este Jubileu do terceiro milênio. Este Ano Santo foi amplamente preparado, particularmente pelas orientações da Carta Apostólica *Tertio Milennio Adveniente*. O Jubileu foi precedido de três anos de preparação, dedicados a Jesus Cristo, ao Espírito Santo e a Deus Pai. O Jubileu foi marcado pelo perdão e ecumenismo. Pela primeira vez o papa abriu as portas das quatro basílicas e realizou a peregrinação à Terra Santa.

Jubileu de 2015. Com a bula *Misericordiae vultus* ("O rosto da misericórdia"), Francisco, o novo papa latino-americano e jesuíta, convocou este Jubileu extraordinário. Após dois anos de sua eleição, o papa convidou para o Ano Santo da Misericórdia, que teve início no dia 8 de dezembro de 2015, cinquenta anos após a conclusão do Concílio Vaticano II e na solenidade da Imaculada Conceição, e foi concluído em 2016 na Festa de Cristo Rei, dia 20 de novembro. Na abertura do Jubileu, um fato inédito: dois papas presentes, Francisco e o emérito Bento XVI. Este Jubileu é uma consequência da mensagem e centralidade do pensamento do Papa Francisco. Afirma o papa que "a Igreja mostra seu rosto materno, o seu rosto de mãe à humanidade ferida. Não espera que os feridos batam à sua porta, vai à procura deles pela rua, acolhe, abraça, cuida e faz com que se sintam amados" (Francisco, 2016, p. 34).

Jubileu de 2025. *Spes non confundit* ("A esperança não decepciona") é o título da bula de convocação do Ano Santo. O Papa Francisco convida para o início deste Jubileu na noite de Natal de 2024, sendo que seu término será na epifania de 2026 (n. 6). A bula, dividida em vinte e cinco pontos, contém súplicas, propostas, apelos em favor dos presidiários, enfermos, idosos, pobres e jovens, e apresenta as novidades deste Ano Santo dos peregrinos da esperança. O documento recorda a celebração em 2033 dos dois mil anos da Redenção e dos mil e setecentos anos do primeiro Concílio, Niceia (n. 17). Um dos sinais de esperança que o papa espera como resultado do Jubileu é a paz para o mundo. Francisco expressa o desejo de que "o primeiro sinal de esperança se traduza na paz para o mundo, mais uma vez imerso na tragédia da guerra. Esquecida dos dramas do passado, a humanidade encontra-se de novo submetida a uma difícil prova". E continua, "como é possível que o seu desesperado grito (dos povos) de ajuda não impulsione os responsáveis das Nações a querer pôr fim aos demasiados conflitos regionais, cientes das consequências que daí podem derivar a nível mundial?". E dispara: "Será exagerado sonhar que as armas se calem e deixem de difundir destruição e morte?" (Francisco, 2024, n. 8). São temáticas importantes da bula e indicadoras para o Ano Santo: a natalidade (n. 9), a esperança para os presidiários (n. 10), a esperança para os enfermos (n. 11), o incentivo à juventude (n. 12), os migrantes e pobres (n. 13, 15), que não podem ser vítimas de preconceitos e isolamentos, a compreensão com os idosos (n. 14), o testemunho dos mártires em uma postura ecumênica (n. 20). Continua a indicação do Jubileu anterior sobre os Missionários da Misericórdia (n. 23), recorda os fiéis das Igrejas orientais, dizendo que tanto estes como os ortodoxos serão bem-vindos no Jubileu. Convida os peregrinos a rezarem nos santuários marianos de Roma (n. 24), e que "a força da esperança encha o nosso presente, aguardando com confiança o regresso do Senhor Jesus Cristo" (Francisco, 2024, n. 25).

Considerações finais

A leitura panorâmica destes Jubileus proclamados pela Igreja Católica e a aproximação de um novo Ano Santo fazem pensar sobre as realidades temporais, passadas e presentes, e sobre as situações esperançosas na continuidade da plantação do trigo. Por outro lado, há tempestades violentas impostas a esta sociedade mundial: guerras, fome, abusos de todos os tipos. O Jubileu da esperança não pretende resolver os problemas hodiernos, mas oferecer possibilidades de oração, de retorno ao eu interior e de diálogo com a humanidade. Para onde irá a sociedade com violências extremadas? A quem ela serve? Quais seus interesses? Tem ela uma conduta religiosa que promova a dignidade humana e o bem comum? Que a comunidade cristã seja peregrina da esperança!

Referências

A BÍBLIA. São Paulo: Paulinas, 2024 [Versão Digital].

CATECISMO DA IGREJA CATÓLICA. São Paulo: Loyola, 1999.

CONCÍLIO ECUMÊNICO VATICANO II. Constituição Pastoral "Gaudium et spes", sobre a Igreja no mundo de hoje. In: *Compêndio do Vaticano II*: Constituições, Decretos e Declarações. 29. ed. Petrópolis: Vozes, 2000.

FRANCISCO. *O nome de Deus é misericórdia*. São Paulo: Planeta, 2016.

FRANCISCO. *Spes non confundit*: proclamação do Jubileu ordinário do ano 2025. Brasília: CNBB, 2024.

MONDIN, B. *Dizionario enciclopedico dei papi*: storia e insegnamenti. Roma: Città Nuova, 1995.

MONTANARI, M. Bonifacio VIII. In: *I papi e gli antipapi*: la storia della Chiesa atraverso i profili biografici e le immagini dei suoi pontefici. Milano: Tez, 1993.

RENDINA, C. *I papi, storia e segreti*. Milano: Grandi Tascabili, 1993.

ROPS, D. *História da Igreja*. Vol. IV. São Paulo: Quadrante, 1996.

SANTINI, A. *O primeiro Jubileu da era telemática*: história do evento desde Bonifácio VIII até João Paulo II. São Paulo: Paulinas, 1999.

SILVEIRA, I. *Rumo ao ano 2000*: os anos santos ou Jubileus desde 1300. Petrópolis: Vozes, 1998.

SOUZA, N. *História da Igreja na América Latina*. Petrópolis: Vozes, 2022.

SOUZA, N. *História da Igreja*: notas introdutórias. Petrópolis: Vozes, 2020.

WOLTER, H. Celestino V e Bonifacio VIII. In: JEDIN, H. (dir.). *Storia della Chiesa*. Vol. V/1. Milano: Jaca Book, 1993.

CAPÍTULO III

A acepção bíblica de Jubileu

Abimael Francisco do Nascimento, msc

O Jubileu é, antes de mais,
a memória de que tudo pertence a Deus.

O tema "Jubileu" possibilita uma visão polissêmica. O Jubileu na Sagrada Escritura, sobretudo na Torá, possui influências de povos estrangeiros, mas salvaguarda características peculiares à fé de Israel, o que o diferencia das demais concepções jubilares do Antigo Oriente Próximo. Considerando as particularidades do Código da Torá, buscaremos expor a acepção bíblica de "Jubileu" perpassando a Torá e o profeta Isaías, até chegarmos ao uso do termo por Jesus de Nazaré, mais especificamente no Evangelho segundo Lucas, e sua implicação bíblico-teológica para o nosso tempo.

A palavra "Jubileu" tem uma singular relevância, em razão de seu uso variado na Sagrada Escritura. A palavra se confunde com o Ano Sabático, que implica uma memória afetiva e efetiva do *Shabbat* ["sábado"], isto é, o dia de descanso, o dia santificado pelo e ao Senhor, o dia *kadosh* ["santo"]. Na pregação profética, o Jubileu e o Ano Sabático estão no horizonte messiânico, estreitando o laço entre perdão, tempo de paz e tempo de abundância. O profeta Isaías reporta em Is 61,2 "o ano aceitável ao Senhor", texto que Lucas menciona como "Ano da Graça do Senhor" (Lc 4,19). Resta saber se essa polissemia aceita ou não um sentido unitário do termo. Será que todas as acepções remetem ao *Shabbat*? Será que todas as acepções remetem ao perdão? Será que todas implicam o Ano da Graça?

A semântica de "Jubileu" nos desafia, e, para entendê-la, nos ocuparemos primeiramente com sua acepção segundo a Torá.

O Jubileu na Torá

A Torá judaica, ou seja, o Pentateuco da Bíblia cristã (Gênesis, Êxodo, Levítico, Números e Deuteronômio), é também chamada de "Livro da Lei", pois a palavra "Torá" significa "lei" ou "instrução". Esse conjunto de livros possui a legislação central do Israel antigo. Poderíamos até evocá-la como a Carta Magna dos israelitas (Ska, 2018, p. 110-120) que rege a vida privada e a vida pública. Na regência da vida do israelita, encontramos a prescrição do Ano Sabático (Ex 23,10; Lv 25,3-4; Dt 15,1-2) e do Jubileu (Lv 25,8-17; Dt 15,12-18).

Entre os vizinhos de Israel há prescrição semelhante à jubilar, tida como uma espécie de anistia a escravos e devedores. Ska faz uma menção a essa prática como sendo conhecida por povos vizinhos de Israel no período da Antiguidade:

> Em todo o antigo Oriente Médio existem leis parecidas [com o Jubileu]. Na Mesopotâmia os reis tinham o hábito, sobretudo no início de seu reinado, de proclamar uma espécie de anistia e, por exemplo,

de libertar as pessoas que tiveram de vender-se como escravos para pagar suas dívidas. Essa libertação certamente tinha como escopo tornar popular o rei, mas o efeito dessa medida tinha também um reflexo benéfico sobre a economia (Ska, 2018, p. 107).

Para Ska, a prática da anistia ou indulgência aos devedores não era incomum para os códigos antigos, mas a prática em Israel não dependia do humor do rei ou imperador (Ska, 2018, p. 107), e sim de Deus. Por outro lado, a necessidade de uma lei para reger o perdão, o descanso da terra e a restituição de bens diz que em Israel, à semelhança de outros povos, havia práticas injustas e a exploração dos expropriados. À luz da revelação divina, há uma lei de reparação que não está submetida ao interesse do governante, mas que é o cumprimento de um preceito do único Deus. Essa é a peculiaridade mais radical que Israel formulará dentro do Pentateuco, da Torá.

Na perspectiva de se buscar a semântica de Jubileu e Ano Sabático no ambiente do Israel bíblico, de início se constata que ambos se imbricam pela ideia de perdão e de descanso, envolvidos pelo próprio descanso de Deus (Shabbat) e pela Aliança de Deus com o Povo Eleito. Com o intuito de mais nos adentrarmos nesta busca, averiguemos a relação que há entre os termos Ano Sabático, Jubileu e Ano da Graça.

O Ano Sabático, o Jubileu e o Ano da Graça

A relação entre Ano Sabático, Jubileu e Ano da Graça pode levar à identificação direta entre os três. Apesar de se referirem a eventos semelhantes, não têm a mesma origem nem têm, de imediato, a mesma conotação.

Ao pensarmos sobre o Ano Sabático, não podemos evitar que o olhar se dirija ao *Shabbat*,[1] que é a instituição sacra mais importante da tradição hebraica. Em Ex 23,10,[2] pode-se ler a prescrição do uso da terra por seis anos, reportando, de imediato, a atenção do leitor ou ouvinte para os seis dias da criação, aqueles nos quais Deus trabalhou (Gn 1). Em seguida, tal memória reporta à lembrança do "sétimo dia", aquele no qual Deus descansou,[3] isto é, Deus é apresentado como um agricultor que,

---

[1] No comentário da Torá, edição da Sêfer, na nota a Ex 23,12, pode-se ler: "Tanto o ano sabático como o descanso semanal do sábado (*Shabbat*) representam o testemunho humano de que Deus criou o Universo em seis dias e descansou no sétimo".

[2] "Durante *seis* anos semearás a tua terra e recolherás os seus frutos."

[3] A relação entre *Shabbat* e descanso parece estar já na formação da palavra, pois *Shabbat*, "sábado", parece derivar do hebraico *sabat*, que significa "descansar". Sobre isso nos diz García Cordero: "Todos os povos têm tido seus dias festivos dedicados a suas divindades, ao descanso e ao entretenimento humano; mas em nenhuma parte encontramos a instituição regular do descanso sabático tal como aparece na legislação mosaica. A palavra 'sábado' parece vir do hebraico *sabath* ('cessar', 'descansar'). Pretendeu-se relacionar o sábado hebraico com o *sabattu* dos babilônicos, ou seja, o 'dia da lua cheia' (dia quinze do ciclo lunar). Parece que existia na Babilônia uma divisão de sete dias: dia primeiro, dia sétimo, dia catorze, dia vinte e um. No assírio-babilônico, a palavra *sabattu* parece significar 'estar bem-disposto, em bom estado'. O dia *sabattu* babilônico era um dia de purificação e de expiação, cujo fim era reestabelecer as relações amistosas entre os deuses e o homem. No vocabulário assírio-babilônico, o *sabattu* é chamado também 'dia da tranquilização' do coração (*Un nûj libbi*). Era o dia em que os deuses faziam as pazes com os homens, retomando as boas relações em razão dos sacrifícios expiatórios e das oferendas que eram apresentadas. Parece que os representantes de algumas categorias sociais, como o rei, o médico e o vidente, eram obrigados a certas práticas religiosas rituais. Assim, o *sabattu* babilônico é um dia consagrado a determinadas divindades, que se repetia a cada sete dias". Recorremos também à contribuição de Hamilton, no *Dicionário Internacional de Teologia do Antigo Testamento*, verbete *shābat*: "Existem ainda algumas dúvidas sobre se o substantivo *shabbāt* deriva do verbo *shābat* ou se *shabbāt* é substantivo de origem, do qual derivaria o verbo. De qualquer forma, deve-se observar que *shābat* tem o sentido de 'parar de trabalhar' somente quando empregado em um contexto sabático (e isso se restringe ao grau qal, em 13 das 37 ocorrências). A ideia básica do verbo, quando usado transitiva-

A acepção bíblica de Jubileu

tendo realizado os dias de trabalho, precisou descansar.[4] Esse destino também se aplica, na tradição da Torá, a todas as pessoas, inclusive aos escravos. Assim, a primeira evocação sobre o "sétimo dia" se refere a descanso, o que é um fato demasiado biológico, físico. Talvez isso recorra à experiência de servidão na Babilônia ou a alguma situação semelhante que o texto tenha por base. Logo, a primeira acepção que recai sobre o "sétimo dia" é a ideia de descanso. Então, quando se pensa, na Escritura, em um ano "sabático", pensa-se em descanso. Por isso, apesar da instituição do Ano Sabático ser mais complexa, vale atentar ao que o texto diz: "seis anos semearás tua terra e colherás a produção dela". E prossegue no versículo seguinte: "No *sétimo ano*[5] a deixarás em pousio e entregue a si própria" (Ex 23,11a). Prontamente aqui nos deparamos com o *Shabbat*, no sentido de descanso: o repouso sabático após os seis anos de produção e colheita; mas a continuação do versículo (Ex 23,11b) instiga a pensar no que será, posteriormente, a instituição do Jubileu, entendido como uma espécie de anistia ou reparação.

---

mente, é a de 'interromper', 'dar cabo de', e, quando usado intransitivamente, é a de 'deixar de', 'chegar ao fim'. É bem possível que isso indique o sábado como o dia que 'põe termo à' semana de trabalho" (Hamilton, 1998, p. 1521). Como ocorre com outras analogias ou relações com povos pagãos, Israel deu a tonalidade de sua fé ao preceito sabático.

[4] Aqui é possível trazer a problemática sobre se *Shabbat* se refere a "descansar" ou "terminar". Considerando que a divindade não estaria submetida a cansaço, é possível aludir a "terminar". Por isso, alguns pensadores procuram o significado na palavra *shebet*, que indica "cessar", "terminar" (Hamilton, 1998, p. 1521), para evitar antropomorfismos agudos (*Concordância exaustiva do conhecimento bíblico*, verbete 2 "Sábado"). Em nossa interpretação, como em Ex 23,10-13 predomina a aplicação à terra, ao agricultor, ao servo, ao estrangeiro e aos animais, entendemos que se trate de *Shabbat* como "descanso".

[5] Grifo nosso.

Em Ex 23,11b se lê: "os pobres de teu povo comerão, e, da sobra deles comerão os bichos do campo", isto é, a instituição do Ano Sabático tem um apelo social, pois o descanso não é apenas gozo individual, mas uma oportunidade de assistir os empobrecidos, trazendo ao ambiente de Israel um alerta para a realidade de que existem pobres e existe fome; há também um aceno que interliga toda a criação: "os bichos do campo" ao lado do "descanso da terra". Nesse contexto, a prescrição procura reparar as realidades que ofendem o Criador, uma vez que essa prescrição também faz recordar que a terra pertence a Deus, pois o descanso da terra e a garantia de assistência ao pobre são, na verdade, uma restauração da criação. Apesar de parecer apenas uma lei de benefício para a próxima colheita, diz muito sobre as desigualdades sociais que se instalaram no seio do povo de Israel. Para repará-las, é preciso como que um interdito divino. Assim, o Ano Sabático tem uma densa conotação de reparar um pecado social.

Além do pecado social, o Ano Sabático traz consigo a memória do próprio Deus, que não apenas descansou no sábado, mas também santificou e abençoou esse dia. Ao lado da dimensão social do preceito, está a dimensão religiosa: não se trata apenas de estar ao lado, e sim de imbricar-se, ou seja, assistir o pobre e guardar o tempo santificado por Deus. Tais dimensões se implicam de tal forma, que dissociá-las seria prejudicar profundamente o que seja o preceito sabático, pois ele é justiça e santidade.

O pensador judeu Abraham Heschel recorda que

uma das mais notáveis palavras da Bíblia é *cadosh*, "santo", uma palavra que, mais do que qualquer outra, é representativa do mistério e majestade do divino. Pois bem, qual teria sido o primeiro objeto santo na história do mundo? Teria sido uma montanha? Teria sido um altar? De fato, é uma ocasião única aquela em que a notável palavra *cadosh* é usada pela primeira vez: no Livro do Gênese, ao final da história da criação. Quão extremamente significativo é o fato de ela ser aplicada ao tempo: "E Deus abençoou o sétimo *dia* e *fê-lo santo*". Não há referência no relato da criação a nenhum objeto no espaço que teria sido dotado com a qualidade de santidade (Heschel, 2014, p. 16-17).

O *Shabbat* suscita uma questão fundamental para a cosmovisão judaica, que é a santidade, pondo o Ano Sabático nessa condição, não por uma vontade do governante, como mencionado, mas pela vontade divina, que santificou e abençoou o sábado. Logo, quem o observa também participa da santidade e da bênção do sábado. E aqui retornamos à dimensão reparadora do descanso sabático, isto é, uma vez que o mal corrompe o homem, fazendo-o servo das próprias ambições, levando-o à avidez por eficiência e resultados, mesmo a custo de outros, o descanso sabático faz a humanidade voltar à criação, sair do mundo do labor para o mundo da contemplação. Continua Heschel (2014, p. 19):

> O significado do *Schabat* [sic] é, antes, o de celebrar o tempo, e não o espaço. Seis dias da semana vivemos sob a tirania das coisas do espaço; no *Schabat* tentamos nos tornar harmônicos com a *santidade no tempo*. É um dia que somos chamados a partilhar do que é eterno, para fugir dos resultados da criação para os mistérios da criação: do mundo da criação para a criação do mundo.

A chamada "santidade no tempo" nos desafia a irmos da finitude ao eterno, colocando no seio de Israel uma instituição que molda não apenas o sétimo dia, mas também os demais seis dias, que andam em direção ao sétimo. O mesmo se aplica ao Ano Sabático: são não apenas seis anos, mas sim seis anos que se dirigem ao sétimo ano, quando o hebreu tem a oportunidade de gozar de uma centelha da eternidade divina e de ajudar a reconstituir o mundo decaído pelo pecado da ganância. Dessa maneira, a prescrição é, sem dúvida, uma bênção divina.

Em Ex 23,12-13, há mais orientações da Lei Sabática, agora aplicadas à proteção dos animais, do servo e do estrangeiro, bem como ao repúdio à invocação de outras divindades. Aqui é ímpar assentar que o costume de descansar a terra seria uma prática já conhecida pelos povos do Antigo Oriente Próximo, inclusive pelos hebreus, tal como modos de anistias. Com isso, frisamos que a Israel compete, no horizonte da revelação, reconhecer e ordenar tais costumes no âmbito de sua fé. Esse reconhecimento faz conciliar o descanso sabático[6] com o culto ao Senhor. Essa conciliação se consolida densamente nos períodos de exílio e pós-exílio, com o surgimento das sinagogas e da lei do Jubileu.

Um dos paralelos concordes com Ex 23,10-13 é Dt 24,19. Trata-se da promoção do alimento ao empobrecido, isto é, ao órfão, viúva e estrangeiro, conformando a lei mosaica como defesa da vida, por colocar o sustento do pobre como uma obrigação para aqueles que possuíam posses. Assim, a Lei possui essa dimensão ética indissociável da dimensão sagrada. Por isso, pode-se considerar que os mandamentos possuam duas categorias: "decretos (*chukim*) e leis éticas (*mishpatim*)" (Kaplan, 2018, p. 68). Sobre essas duas perspectivas nos diz Kaplan (2018, p. 68):

---

[6] Considerando a antiguidade do termo, a expressão "descanso sabático" conteria uma redundância.

As leis éticas são necessárias para a preservação da sociedade. Como tais, elas fornecem a base para a estrutura moral do Judaísmo. Os decretos de D'us[7] (*chukim*) são mandamentos para os quais não há razão aparente. Até certo grau, eles servem para testar nossa obediência a D'us ao observarmos os Seus mandamentos, mesmo que não sejam ditados pela lógica.

Garantir que o pobre tenha o que comer parece conciliar as duas categorias. Entretanto, dada a escassez de relatos sobre o cumprimento do Ano Sabático e a resistência à dimensão ética da Lei (ver o caso de Rute), é compreensível pensar em uma evolução da ideia sabática para Jubileu, pois esta dá ao preceito ético maior formalidade ritual. Por ora, concordamos que o Ano Sabático seja o fundamento israelita para a formulação do preceito do Jubileu.

O Jubileu: sacralidade sinaítica

Trabalhar a acepção de "Jubileu" no texto Sagrado exige considerar que o material presente em Levítico tenha por base a legislação do Sinai, com leis paralelas como em Ex 21,1-2, que trata da liberação do servo, e como em Ex 23,10-13, que institui o Ano Sabático. Esses textos legislativos, colocados no ambiente do Sinai, proporcionam ampla sacralidade ao seu cumprimento, de modo que, sendo o Jubileu uma moção posterior, precisaria igualmente ser acomodada ao Sinai. Por isso, já em Lv 25,1 o Ano Sabático é um conteúdo sinaítico e, consequentemente,

---

[7] A grafia D'us, no ambiente judaico, conforma-se ao princípio sagrado de não se pronunciar o tetragrama YHWH, assim, nas variações de línguas, há ocasiões em que a grafia se dá como "D'us".

será o Jubileu. Para entender melhor tudo isso, vejamos, então, um pouco da estrutura do livro do Levítico e seu lugar na Torá.

O Levítico ocupa o terceiro lugar na ordem canônica dos livros da Torá. Todo o conteúdo, salvo algumas narrativas sobre os sacerdotes, está centrado na vida cultual de Israel, como um cumprimento das prescrições sinaíticas. A estrutura do livro seria: "1–7: os sacrifícios; 8–10: consagração dos sacerdotes e inauguração do culto; 11–16: regras sobre o puro e impuro; *17-26: a lei de santidade*; 27: apêndice: tarifas e avaliação de objetos ou pessoas consagradas a YHWH" (Galvagno; Giuntoli, 2020, p. 82). O grifo nosso, acima, destaca o bloco da "lei de santidade", no qual se encontram o preceito do Ano Sabático e o preceito do Jubileu, indicando que se tratam de leis para a santificação daqueles que as praticam, marcando a vida pela obediência ao Senhor. Deus mesmo faz a evocação imperativa da santidade (Lv 19,2: "sede santos"). A santidade está incluída na observação do Ano Sabático e na prática do Jubileu, e ambos tocam a justiça social, ou seja, descansar a terra, dar liberdade ao servo e perdoar a dívida são atos de santidade; aqui encontra sentido o fato de esses preceitos estarem no bloco que se ocupa da concretização da santidade.

As leis de santidade parecem ter origem nas memórias retomadas no período exílico, quando, sem o Templo, os exilados precisaram de elementos de identidade. Por isso, considerando que a redação final do livro tenha se dado no período persa, entendemos que o bloco Lv 17–26[8] seja a parte mais antiga do

---

[8] De acordo com Tapia e Soltero, o bloco Lv 17–26 possui diversas leis sobre a santidade, como já mencionado por nós; nesse sentido, ele procura detalhar como essa santidade se configura. A nosso ver, a santidade em Lv 17–26 está assentada sobre dois pilares: culto e ética. Por sua vez nos dizem Tapia e Soltero (2010, p. 143): "O

material constante em Levítico, por ter proveniência em memórias antigas do Israel predominantemente agrário. É nesse Israel agrário que o repouso sabático encontra seu início, mas é no ambiente do Templo, com uma corte sacerdotal, que o Jubileu encontra seu começo.

Passada uma visão geral do livro, detenhamo-nos no capítulo 25 com a intenção de repassar os pontos nevrálgicos do tema do Ano Sabático e do Jubileu em Levítico:

Lv 25,1-6:

(v. 1) *o Ano Sabático tem a dignidade do decálogo* – é uma prescrição do Sinai;

(v. 2-4) *um sábado para o Senhor* – dimensão cultual da Lei;

(v. 5) *um ano de repouso para a criação;*

(v. 6) *a terra alimentará* – Deus tudo provê ao Povo Eleito, as preocupações não serão maiores que a justiça e a fé. O anúncio da ação providencial atesta que Deus criou e ordena todas as coisas.

Em Levítico, o preceito sabático, tal como em Ex 23, não se dá apenas na consagração do tempo de um dia, mas é orientado para a consagração do tempo de um ano, ocasião na qual toda a criação descansa e volta a contemplar a ação gratuita de Deus, reconhecendo-o como o provedor e protetor de Israel. Isso, de imediato, desloca a atenção do homem de seus próprios esforços como único meio de sua realização e, ao mesmo tempo, reforça

---

'código de santidade' (17–26) recebe seu nome por que insiste na ideia da santificação: 'Sejam santos porque eu, o Senhor, seu Deus, sou santo' (19,2; 20,7; 21,7; 22,16). Contém leis casuísticas e apodícticas sobre o uso do sangue de animais, as relações sexuais proibidas, as festas de culto, os lugares sagrados, o ano jubilar e a preocupação social com os pobres, imigrantes e escravos".

que Israel depende do seu Deus; essa dependência se expressa na santidade como justiça para com a criação. A lei sabática é culto e ética em um mundo agrário no qual se busca viver a memória do Sinai. O que evocamos como "memória do Sinai" reporta ao conteúdo basilar da Aliança com Deus e o Povo de Israel, representado de maneira mais completa pelo Decálogo (Ex 20,1-17), quando Deus, por meio de Moisés (Ex19-20), estabelece sua Palavra e seus decretos, selando a Aliança com Israel, constituindo-o como seu Povo: "Agora, se escutardes realmente minha voz e guardardes minha aliança, sereis para mim uma propriedade particular entre todos os povos" (Ex 19,5). Este evento marca profundamente a identidade de Israel, e as leis posteriores e decretos, muitas vezes foram ambientadas no Sinai, para agravar sua seriedade como ordenamento divino que conduz à santidade do Povo. Aquele dia, estabelecido como santificado e abençoado, o tempo santificado (Ex 20,8-10), amplia-se com o Ano Sabático, e dele se desdobra uma reparação social ao endividado e ao estrangeiro, bem como uma atenção especial ao meio ambiente, confluindo para o preceito de Jubileu.

Após a anotação da autoridade sinaítica ao Ano Sabático, constante em Lv 25,1-2, vemos que em Lv 25,8-55 o texto passa para a exposição do Jubileu. Nele não há a expressão recorrente "e o eterno falou a Moisés no monte Sinai dizendo: 'Fala aos filhos de Israel e dize-lhes'"; "O Senhor falou a Moisés no monte Sinai: 'Fala aos filhos de Israel e dize-lhes". Essa expressão dá autoridade ao que será anunciado, remontando à revelação do Sinai. No trecho a partir de Lv 25,8ss, percebemos que o redator espera que o leitor-ouvinte compreenda que Ano Sabático e Jubileu, ao lado das demais prescrições, fazem parte do mesmo bloco legislativo do Sinai. Com isso, o texto une a antiga lei do descanso sabático com a novidade do Jubileu, compondo-as dentro do quadro do programa de santidade para Israel, junto com outros conteúdos legislativos.[9]

Detendo-nos mais propriamente no texto da instituição do Jubileu, vejamos como expô-lo tematicamente:

(v. 8): *contarás para ti sete sábados anuais, sete vezes sete anos, a fim de que os dias dos sete sábados anuais sejam quarenta e nove anos* – portanto, os quarenta e nove corresponderiam, na analogia com a criação, aos seis dias, ou, na analogia com o Ano Sabático, aos seis anos, ocorrendo o tempo sabático no quinquagésimo ano.

(v. 9): *fareis soar o chofar* – recorte litúrgico não encontrado no preceito do Ano Sabático, dando a entender que aquilo que será inaugurado tem uma conotação litúrgica, possivelmente em um ambiente onde há um lugar para o culto, seja na tenda, seja no próprio Templo. O termo *chofar* se refere ao chifre que foi preparado para ser utilizado em cerimônias religiosas. Em Ex 19,13.16.19, o som do *chofar* (chifre de carneiro) era o anúncio da presença de Deus, da fala de Deus. Em Zc 9,14, Deus mesmo anunciará sua presença, quando Ele mesmo tocará o *chofar*. Considerando essas pontuações, concluímos que o Jubileu seria celebrado em honra do Senhor e na presença do Senhor. Ao lado da presença do Senhor, o *chofar* também seria tocado "no dia da reconciliação" (Lv 25,9) ou "no dia das expiações", como uma possibilidade de tradução. Em todo caso, o Jubileu, pela evocação de *chofar,* é envolvido de densa sacralidade ritual.

---

[9] Ibidem.

(v. 10): *santificareis o ano do quinquagésimo ano* – aqui aparece o quinquagésimo ano com a relação: santidade, libertação dos escravos, perdão das dívidas, volta à posse da terra e ao clã, sendo que a terra não é tratada como propriedade comercial em si mesma.

(v. 11): *Jubileu* – no quinquagésimo ano se aplicam os mesmos preceitos para o Ano Sabático: o descanso da terra, ou seja, nem semear nem ceifar.

(v. 12): *de fato, o jubileu será santo para vós* – aqui o recorte reforça a santidade do Jubileu.

(v. 13-16): *nesse ano do Jubileu, retornareis, cada um à sua propriedade* – indultos e devoluções, atos de justiça, sem enganos nas compras e vendas.

(v. 17-18): *não sereis abusivos, ninguém com seu compatriota. Temerás teu Deus, porque eu sou o Senhor, vosso Deus* – a medida da justiça e da superação das ganâncias são os decretos do Senhor; observá-los é temor ao Senhor.

(v. 19-22): *a terra dará seus frutos, e vos alimentareis com fartura* – esse extrato parece enxertar parte de Ex 23,10-13 no texto de Levítico ("seis anos semearás tua terra e colherás a produção dela" [Ex 23,10]), com a finalidade de reforçar que tudo pertence a Deus – apesar de o homem trabalhar a terra, semear e colher, no ano sabático (*Shemitá*[10]). Com o descanso sabático da terra, o hagiógrafo concilia o Ano Sabático e o Jubileu, na espiritualidade da providência como bênção divina para toda a criação (Lv 25,21)

---

[10] Corresponde ao ano sabático e tem por preceito o repouso da terra; contudo, as sementes conservadas no próprio solo vinham a florescer e dar frutos. Esses frutos não possuíam "donos", pois eram frutos da comunidade, especialmente dos mais pobres, e dos animais; assim, mesmo no *Shemitá* era previsto, como bênção de Deus, a fartura que brotava da terra (Lv 25,4).

(v. 23-24): *a terra não será vendida definitivamente, porque a terra é minha* – nenhum daqueles que dizem ter posse realmente a tem, pois foi o Senhor que a criou e a deu como bênção. Ao Senhor tudo pertence, tal como reflete Sl 24,1: "A terra e o que plenifica são do Senhor, o mundo e os que nele moram". Desse modo, a espiritualidade bíblica e, claramente, a espiritualidade do Jubileu acomodam esta verdade da fé de Israel: tudo pertence ao Senhor. Esse entendimento é colocado em crise em meio às ambições humanas, algo que é bem figurado na disputa pela vinha de Nabot (1Rs 21,1-16).

(v. 25-28): *se teu irmão empobrecer e vender parte da propriedade dele, virá o resgatador dele que lhe é mais próximo e resgatará o que foi vendido do seu irmão* – apesar de a pessoa humana não ter posse absoluta da terra, ela pode como que arrendar, devido a uma situação de empobrecimento, mas fica, tanto ao que arrenda quanto ao que cede, o propósito e o compromisso sagrado de retomada da terra. Os mecanismos estabelecidos e celebrados no Ano Sabático e no Jubileu pretendem desviar toda e qualquer alienação desse propósito; nisso encontramos a figura do *go'el* ("resgatador"); junto à imagem do resgatador, está a volta à posse da terra como um ato jubilar.

(v. 29-34): *se um homem vender uma casa residencial em uma cidade com muralha, há a possibilidade do resgate dela* – esses versículos seguem uma casuística, pontuado o direito de resgate para o ambiente urbano, preservando o que podemos chamar de "direito de moradia". Os casos apresentados reforçam a dimensão cultural e social da celebração do Jubileu.

(v. 35-38): *se teu irmão empobrecer e a mãe dele vacilar contigo, tu o sustentarás* – a relação ética que emana da fé prescreve uma

Ano Jubilar "peregrinos de esperança"

proteção da pessoa humana, para que sua vida não seja sugada, seja por juros, seja por exploração em vendas (Lv 25,37), tudo em razão de Deus ser o Senhor (Lv 25,38). Essa preocupação com a vida dos empobrecidos perpassa o Pentateuco (Ex 22,25; Dt 23,19), está na profecia (Ez 22,12) e nos sapienciais (Pr 28,8), e podemos entender que o Ano Sabático e o Jubileu assimilam toda essa espiritualidade da fé de Israel.

(v. 39-43): *se teu irmão empobrecer junto a ti e te for vendido, não o farás prestar serviço de servo* – tal como a terra pertence ao Altíssimo (Lv 25,23) e deve ser cuidada; também para o servo, para o empobrecido que não encontrar resgatador, Deus mesmo será o resgatador, pois o servo, o filho de Israel, pertence ao Senhor (Lv 25,24-43). Como Israel é servo de Deus, mesmo o empobrecido não pode ter outro senhor, apenas Deus. Por isso, o servo é propriedade do Senhor, e para servir a Deus é preciso uma liberdade integral, do físico e do espírito. Isso de tal forma que o Jubileu e Ano Sabático serão ligados à ideia de libertação, à redenção, tal como relacionam o profeta Ezequiel (Ez 46,17) e também o profeta Jeremias (Jr 34,14-17)

(v. 44-55): *que teu servo e tua serva, os quais te pertencem, sejam das nações que estão a vosso redor!* – mesmo tendo servos estrangeiros, o israelita está obrigado a agradar ao Senhor, enfatizando a pertença do israelita a Deus (Lv 25,55).

Essas breves notas fazem visualizar a junção de normas que a lei do Jubileu reúne. A princípio, duas são mais notórias: o Ano Sabático e a lei do resgate. Ambas se destinam a um testemunho de como Deus criou tudo e elegeu Israel. Por isso, esse povo é chamado a ser sinal dessa eleição, por meio do culto e da ética.

Nesse sentido, creio que valha a pena acompanhar o que o Rabi Shimon bar Iochái diz, em um comentário à Torá (Torá, 2017, p. 368), acerca do Jubileu:

> Por que soará do *shofá* uma *Teruá*, um som quebrado, e não uma *Tekiá*, um som direto, reto? E o mestre responde: para demonstrar que, no ano do Jubileu, o som do chofar deve ser símbolo da quebra de toda as algemas, para livrar os oprimidos das garras dos opressores déspotas.

O Rabi Shimon bar Iochái nos deixa uma visão mais completa de como compreender a acepção bíblica do "Jubileu", ao vincular a festa com a ideia de libertação, não em uma visão apenas "metafísica", mas em uma visão integral da relação entre Deus e a humanidade. A figura do *chofar*, seguramente bem conhecida na tradição judaica, facilita a exposição de tal sabedoria provinda do rabino. Assim, pelo que vemos, assenta-se a ideia de que tanto o Ano Sabático como o Jubileu acomodam a ética e o culto em Israel, e com a descrição acima, apresentando a lei do resgate, fica demasiado clara a maneira como o texto pretende chegar à inteligência dos leitores ou ouvintes, especialmente pelo assentimento de ser uma lei sinaítica.

Apesar de não termos amplas fontes para declarar a aplicação do Ano Sabático ou do Jubileu, salvo a crítica de Jeremias (Jr 34,14[11]), não nos está impedido pensar que esse ideal tenha

---

[11] "Ao cabo de sete anos cada um de vós libertará seu irmão hebreu que se tiver vendido a ti. Seis anos será teu escravo, então o deixará ir embora livre. Mas vossos pais não me escutaram nem me deram ouvidos" (Jr 34,14-17). Esse texto se refere diretamente à não observância do preceito do ano sabático no período do profeta Jeremias.

Ano Jubilar "peregrinos de esperança"

migrado para a esperança messiânica, especialmente por meio da profecia, haja vista o profeta Ezequiel, que, na desolação no contexto da Babilônia, retoma a ideia de volta da possessão em um ambiente bastante peculiar, mas que faz recordar as recomendações jubilares e sabáticas (Ez 46). Por outro lado, o profeta Isaías traz uma associação que será retomada no texto neotestamentário: "Enviou-me [...] para proclamar o ano da benevolência do Senhor" (Is 61,1.2). Os dois profetas evocam de maneira indireta e incompleta o que seria o Ano Sabático ou o Jubileu. Em todo caso, a expectativa messiânica assimilou essa imagem que parece acomodar o pensamento sobre o Ano Sabático, o Jubileu e a lei do resgate. Intuímos que essa junção esteja presente no texto de Lc 4.

Ao entrarmos no campo profético e neotestamentário, aparecem novas expressões: "ano agradável ao Senhor", "ano da boa vontade do Senhor", "Ano da Graça do Senhor". Essas expressões denotam uma das dimensões da espera messiânica. Nesse sentido, aproximando-nos mais do texto lucano, procuraremos entender a expressão "Ano da Graça do Senhor".

O Jubileu e o Ano da Graça: espera do Messias

O texto do profeta Isaías (Is 61,1) traz, em continuidade com o Ano Sabático e o ano do Jubileu, a reparação social em relação aos cativos, que se pode referir aos cativos na Babilônia, ou seja, a boa notícia aos empobrecidos, que pode ser o perdão das dívidas e a ideia de retorno da possessão. É como se o profeta entrevisse um tempo novo e desse tempo ele fosse o emissário, o portador da boa notícia. Sua maneira de vislumbrar tal tempo é, sob os moldes do antigo sonho de Israel, a ideia do Ano

A acepção bíblica de Jubileu

Sabático, do Jubileu, quando as dívidas eram perdoadas, a posse da terra era devolvida e reforçar-se-ia que tudo pertence ao Senhor. Essa imagem é um suspiro de esperança e consolação em meio à destruição babilônica e suas sequelas. Por isso, o profeta se faz, à luz da intimidade com a revelação sinaítica, anunciador da restauração, não a partir de um pensamento excludente, mas com um pensamento inclusivo do pobre e do aflito. O contexto do nascimento de Is 61,1-4 parece se dar na proximidade do retorno da Babilônia, por volta de 537-520 a.c., antes de toda a política de restauração que virá com Esdras e Neemias (por volta de 450 a.c.), quando, antes da restauração centrada no puro e impuro, vêm o perdão e a boa notícia.

No texto de Is 61,2, o ano proclamado se chama "ano da boa vontade do Eterno", em uma versão da Bíblia Hebraica Tanah; na Bíblia de Jerusalém se lê "proclamar um ano aceitável a Iahweh [ao Senhor]"; na edição A Bíblia se pode ler: "Ano da benevolência do Senhor". Nelas não há referência a "Ano da Graça". Mesmo na LXX lê-se "ano (dia) da bondade do Senhor, aceitável ao Senhor"; o texto lucano repete os termos da Septuaginta, sendo mais adequado traduzir por "proclamar o ano aceitável ao Senhor" (Lc 4,19). O Ano Jubilar se converte, dessa maneira, em um ano agradável a Deus, e isso em razão das práticas de libertação que são esperadas da humanidade. Voltamos ao testemunho de Israel, que, tendo sido eleito por Deus, a cada *Shabbat*, enfaticamente, testemunha a Aliança, e a cada Ano Sabático ou Jubileu evidencia mais amplamente sua pertença ao Senhor e o fato de o Senhor ter criado todas as coisas e, por isso, ter a posse de todas elas. Não obstante tal oportunidade de testemunho, o profeta Isaías lança o olhar para a frente, esperando esse dia aceitável pelo Senhor, o

Ano da Graça do Senhor. Nesse olhar profético, o Jubileu assumiu uma dimensão messiânica, depois assimilada no escrito lucano.

Em um ambiente litúrgico, na sinagoga, o evangelista Lucas situa Jesus lendo Is 61,1ss, apresentando-o como o cumprimento daquela esperança profética, visto que o Ano Sabático e o ano do Jubileu tinham se tornado uma esperança para o tempo vindouro. Ao considerarmos que não temos relatos claros da aplicação dessas leis, entendemos que tenham sido assimiladas pela experiência messiânica.

Lucas parece querer, com a leitura feita por Jesus, apresentar o programa pastoral de Jesus, que não seria algo estranho às esperanças de Israel, aquela reclamada em Jr 34,14 e reportada em Ez 46,17, e mais fortemente entoada no texto lido por Jesus: Is 61,1ss. A versão apresentada por Lucas se refere à versão da tradução grega da Bíblia Hebraica, chamada de Septuaginta, que utiliza a palavra grega *aphésis* referindo-se a perdão e libertação. Jesus utiliza essa palavra ao invés da conotação direta de Jubileu, assim, o Jubileu de Jesus está ligado de maneira clara ao anúncio da boa-nova aos pobres, ao perdão da dívida, como ele rezará no Pai-Nosso (Lc 11,2ss), à libertação dos cativos e à restituição da vista aos cegos. Portanto, a acepção de Jubileu em Jesus acomoda a dimensão sabática, trazendo o perdão e a libertação, e a dimensão do Ano da Graça, por portar a boa notícia aos pobres e oprimidos. Esse programa pastoral, esse modo de vida, é culto e ética para os seguidores de Jesus, visto que é obediência ao Senhor: "O Espírito do Senhor está sobre mim porque ele me ungiu. Ele me *enviou*".

Jesus assume a expectativa messiânica do cumprimento do Ano Sabático, do Jubileu e do Ano da Graça, ano da benevolência do Senhor. Mas nos parece relevante que, em concordância com isso, possamos ver alguns comentários sobre a expectativa messiânica no meio judaico.

Diz um trecho de um escrito judaico que coleta diversas tradições e comentários de Rabi Rashi:

> O *Mashiach* também realizará profecia e se tornará o maior profeta da história, depois de Moshé. O profeta Isaías descreveu seis qualidades com as quais o *Mashiach* será abençoado: "O espírito de D'us estará sobre ele, o espírito da sabedoria (1) e da compreensão (2), o espírito do conselho (3) e do poder (4), o espírito de discernimento (5) e do temor (6) a D'us" (Isaías 11:2). Em todas essas qualidades, o *Mashiach* será superior a todos os demais seres humanos (Kaplan, 2019, p. 448).

A expressão "o espírito do Senhor Deus está sobre mim" (Is 61,1) é semelhante à "o espírito do Senhor está sobre mim" (Lc 4,18), evocando, assim, o Servo do Senhor. Então, o Servo-Messias tem essas qualidades e será o mesmo que proclamará o ano aceitável ao Senhor. Sendo assim, a esperança do Messias inclui o tempo de paz, prosperidade e perdão.

Levinas, ao rever comentários sobre os aspectos do messianismo na tradição judaica, pontua diversas características de cunho ético-religioso (Levinas, 2004, p. 86-87), enfatizando a dimensão de justiça e libertação que emana da tradição talmúdica sobre a noção de Messias. A paz e a justiça são atributos prontamente ligados à espera messiânica a partir da tradição profética e dos comentários talmúdicos (Levinas, 2004, p. 104). Para Lohse, o Messias de Qumrã assimilaria o profeta, o rei e o sacerdote, para

Ano Jubilar "peregrinos de esperança"

celebrar a era de fartura e bênção do Altíssimo (Lohse, 2000, p. 99-101); segundo Day, a ideia israelita de messias desdobra-se de várias influências (Day, 2005, p. 77-78), e, para Lambert, um rei bom era providente da vida do povo, com "preços baixos e justiça" (Lambert, 2005, p. 73); o anúncio messiânico se fundamenta em influências diversas sobre Israel e especialmente sobre a teologia davídica, ao lado de uma perspectiva profética e sacerdotal (Nascimento, 2019, p. 123), aliando a dimensão cultual e ética da religião de Israel (Nascimento, 2018, p. 19). Parece ser nessa perspectiva de tempo de paz e justiça que o Ano Sabático e o Jubileu de leis se tornam esperança para o tempo messiânico.

Ao evocar Is 61,1ss, o texto de Lucas coloca a messianidade de Jesus dentro da tradição judaica que compreendia o messianismo como realização profética, tendo por sinal o preceito do Ano Sabático e do ano do Jubileu. Portanto, a libertação, o perdão e a Boa-nova são entendidos como graça, Ano da Graça do Senhor (Lc 4,19), e Jesus é o operador de tal ano, pois ele é o Messias anunciado e esperado.

Considerações finais

O Ano Jubilar passou para a tradição bíblica como uma esperança. Nascido da junção entre o Ano Sabático e a lei do resgate, ele suscitou uma esperança. Lucas, ao inaugurar o programa pastoral de Jesus, coloca-O como aquele que executa a esperança do Jubileu. Tal como as leis que vimos no correr do texto, o programa de Jesus é prático e densamente palpável: ele cura (Lc 5,12-17), liberta (Lc 9,37-43), pede o compromisso com o pobre (Lc 12,33), perdoa e ensina o perdão (Lc 15), alimenta os famintos (Lc 9,16-17), reza ao Pai (Lc 11,1-12). Jesus não teoriza acerca da valiosa esperança jubilar, mas a realiza. A fundamentação bíblica do Jubileu é demasiado ampla, mas está contemplada na prática do Jesus lucano. Com isso, compete aos discípulos viverem tal realidade, que consiste naquela conotação primeira de que a fé implica a ética. Tanto que o preceito sabático, dia santificado e abençoado pelo Senhor, converte-se em festa litúrgica, com seu auge no Jubileu, como uma grande celebração do perdão e da reconciliação, tanto com os irmãos quanto com a terra. A prática do Jubileu, tal como o Ano Sabático, não beneficia apenas a humanidade, mas a criação como um todo, abarcando, portanto, uma dimensão ecológica, de cuidado com a Casa Comum.

O Jubileu na acepção bíblica é, antes de tudo, memória de que tudo pertence a Deus.

Referências

A BÍBLIA. São Paulo: Paulinas, 2024 [Versão Digital].

CONCORDÂNCIA EXAUSTIVA DO CONHECIMENTO BÍBLICO. Barueri-SP: Sociedade Bíblica do Brasil, 2002.

DAY, J. (org.). *Rei e Messias em Israel e no Antigo Oriente Próximo*: dissertações do Seminário Veterotestamentário de Oxford. Tradução Bábara Teoto Lambert. São Paulo: Paulinas, 2005.

DAY, J. A herança cananeia da monarquia israelita. In: DAY, J. (org.). *Rei e Messias em Israel e no Antigo Oriente Próximo*: dissertações do Seminário Veterotestamentário de Oxford. Tradução Bárbara Teoto Lambert. São Paulo: Paulinas, 2005.

GALVAGNO, G.; GIUNTOLI, F. *Pentateuco*. Tradução Frei Ary E. Pintarelli. Petrópolis: Vozes, 2020.

GARCÍA CORDERO, Maximiliano. *Bíblia comentada: Pentateuco*. Tomo I. [livro eletrônico]. Navarra: Biblioteca de Autores Cristianos, 2010.

GIGLIO, A. D. *Iniciação ao estudo da Torá*. São Paulo: Sêfer, 2003.

HARRIS, R. Laird; ARCHER JR., Gleason L.; WALTKE, Bruce K. *Dicionário Internacional de Teologia do Antigo Testamento*. Tradução Marcio Loureiro Redondo, Luiz A. T. Sayão, Carlos Osvaldo C. Pinto. São Paulo: Vida Nova, 1998.

HESCHEL, A. J. *O Schabat*: seu significado para o homem moderno. Tradução Fany Kon E. J. Guinsburg. São Paulo: Perspectiva, 2014.

KAPLAN, A. *Enciclopédia do pensamento judaico*. V. I. Tradução Esther Eva Horovitz. São Paulo: Maayanot, 2018.

KAPLAN, A. *Enciclopédia do pensamento judaico*. V. III. Tradução Esther Eva Horovitz. São Paulo: Maayanot, 2019.

LAMBERT, W. G. A realeza na antiga Mesopotâmia. In: DAY, J. (org.). *Rei e Messias em Israel e no Antigo Oriente Próximo*: dissertações do Seminário Veterotestamentário de Oxford. Tradução Bárbara Teoto Lambert. São Paulo: Paulinas, 2005.

LARA, P. F. *Código de Hamurabi*. 2. ed. Madrid: Editorial Tecnos, 1992.

LEVINAS, E. *Difícil libertad*: ensayos sobre el judaísmo. Traducción Juan Haidar. Madrid: Caparrós Editores, 2004.

LOHSE, E. *Contexto e ambiente do Novo Testamento*. 2. ed. Tradução Hans Jörg Witter. São Paulo: Paulinas, 2004.

MAIER, J. *Entre os dois Testamentos*: história e religião na época dos Segundo Templo. Tradução Fredericus Stein. São Paulo: Loyola, 2005.

MCKENZIE, J. L. *Dicionário bíblico*. 10. ed. Tradução Álvaro Cunha. São Paulo: Paulus, 2011.

NASCIMENTO, A. *A teologia do Cordeiro no Evangelho segundo João*. Curitiba: Brazil Publishing, 2019.

NASCIMENTO, A. *O judaísmo como ética em Cohen, Rosenzweig, Buber e Levinas*. São Paulo: Biblioteca 24horas, 2018.

SKA, J. *Antigo Testamento*. Tradução Renato Adriano Pezenti. Petrópolis: Vozes, 2018.

TANAH. *Tanah completo hebraico e português*. São Paulo: Sêfer, 2018.

TAPIA NAVARRO, O.; SOLTERO CONZÁLES, C. *Êxodo, Levítico, Números, Deuteronômio*. Navarra: Verbo Divino, 2010.

TORÁ. *Torá*: a lei de Moisés. Tradução Isolina B. Vianna. São Paulo: Sêfer, 2017.

CAPÍTULO IV

O Ano Jubilar, o Papa Francisco e a Igreja: testemunhar a esperança!

Reuberson Ferreira, msc

Um ano no qual os homens devem recobrar a esperança.

Introdução: convocados a celebrar o Ano da Graça

O compasso inexorável do tempo acusa que o primeiro quarto do século XXI já se cumpriu. A celeridade das horas, graciosamente, ombreia o magnífico mistério que é viver esta época. Entre pressa, singeleza e mistério, outra vez a Igreja Católica proclama e celebra aquilo que, inspirada na tradição do primeiro testamento (Lv 25,10) e contemplando o redentor ministério de Jesus Cristo (Lc 4,18-20), bem como sua tradição apostólica, chama de "Ano Jubilar". Trata-se de um período que bendiz a ação de Deus na história (aliança com seu povo) e, por essa razão, comporta implicações ético-religiosas que a comunidade de fé é chamada a viver e praticar.

Consciente da singularidade desse momento, como práxis e por ofício, o atual Bispo de Roma, Francisco, convocou a Igreja para celebrar essa efeméride. Mobilizando os instrumentais disponíveis, colocou a organização desse tempo jubilar sob a curadoria do Pontifício Conselho para a Promoção da Nova Evangelização, que tem à sua frente o arcebispo italiano Salvatore Rino Fisichella, mais tarde pró-prefeito do Dicastério para a Primeira Evangelização e as Novas Igrejas particulares. Ademais, o papa argentino arrogou ao Ano Jubilar um tema que deveria impor-lhe um sentido para ser vivido e celebrado. Ele convocou a Igreja a divisar este Ano da Graça como um tempo no qual o povo fiel recorda que é "peregrino de esperança".

Nesse sentido, cônscio de que, sob o pálio do pontificado do atual Bispo de Roma, o outrora cardeal argentino Jorge Mario Bergoglio, muitos eventos eclesiais ganham um sentido particular e uma tônica única, é possível delinear que este Ano Jubilar tenha aspectos e acentos próprios sob sua inspiração. De fato, este é o segundo Ano Jubilar que ele convoca, anuncia e preside. Histórica e conscientemente, por sua idade e vivência eclesial, entre os ordinários, será o quarto. Como cada período comporta os seus próprios sinais, cada um foi vivido sob uma ótica e uma necessidade.

Por essa razão, nas linhas a seguir queremos decantar, por meio da análise dos documentos, falas e atos do Papa Francisco, qual é o significado que ele quer impingir a este primeiro Jubileu ordinário do século XXI e quais seriam as implicações eclesiológicas da sua proposta. À guisa de uma apresentação didática, em um primeiro momento divisaremos os passos e o sentido da preparação para o Ano Jubilar; ato contínuo, pontuaremos o que de específico o Bispo de Roma deseja explicitar ao longo dessa efeméride; por fim, sumariamente, apresentaremos algumas implicações eclesiológicas dessas proposições.

Francisco e os passos preparatórios do Ano Jubilar: "Eis que o semeador saiu a semear" (Mt 13,3d)

Nunca é excessivo dizer que o Papa Francisco, ao lado dos documentos formais, tem delineado verdadeiramente uma "encíclica dos gestos". Ler os documentos pontifícios da lavra do Bispo de Roma, escutar suas homilias ou contemplar as suas posturas e atitudes é um exercício correlato que colabora na compreensão da sua identidade teológica (Villas Boas, 2016, p. 73-74) e das consequências que tais posturas implicam. Ele, em uma imagem que lhe é cara, é um verdadeiro poliedro que deve ser visto de maneira plural, mas coesa. Não é possível, sem prejuízo de sua identidade, aprisioná-lo em uma única perspectiva. Desse modo, suas ações e textos devem ser lidos como ladrilhos de um mosaico que formam aquilo que ele deseja com o Ano Jubilar.

Igualmente, o pontificado do outrora cardeal Jorge Mario Bergoglio, ao longo de mais de um decênio, tem se imposto por ações que desafiam a Igreja a renovar-se, a transpor seus limites (EG, n. 20, 27, 46, 49) e a amoldar-se, como ele mesmo alcunhou, entre outras, a um "hospital de campanha" (Spadaro, 2013, p. 19). De outro lado, deve-se admitir que, mesmo que ele deseje uma Igreja que avance com passos céleres na fidelidade ao Evangelho, algumas ações não são exequíveis no momento histórico em que elas são apresentadas. Por essa razão, alguns temas, ditos prementes, descansam candidamente no imaginário eclesial. Tal opção justifica-se, quiçá, por alguns daqueles quatro princípios, inspirados em Romano Guardini, que aparecem na Exortação Apostólica *Evangelium gaudium* (EG, 222ss, 226ss, 231ss, 234ss) e que constituem o núcleo duro de pensamento de Francisco (Borghesi, 2018, p. 75-76): o de que a unidade é superior ao conflito; o de que o todo é superior à parte; o de que o tempo é superior ao espaço; e o de que a realidade é superior à ideia. Desse modo, bem mais que um homem açodado, o Bispo de Roma é prudente, afeito ao discernimento. Alguém que semeia no espaço que lhe é possível, ciente de que somente o tempo fará frutificar, sem conflitos, sem idealismos abstratos e favorecendo a unidade.

Na perspectiva de um cauteloso semeador é que os passos que antecederam a convocação e a abertura do Ano Jubilar podem ser lidos. Eles gozam de um sentido próprio, mas são elementos eivados dessa clareza de que, neste especial Ano da Graça, há possibilidades, oportunidades, ensejos, conveniência e ocasião para avançar na experiência da esperança (concreta), do conhecimento e da oração (comunhão com Deus). Três elementos que de maneira recorrente, por gestos simbólicos ou por discursos contundentes, ele quis promover na "antevéspera" do primeiro Jubileu ordinário do século XXI.

Em fevereiro de 2022, memória litúrgica de Nossa Senhora de Lourdes, Francisco exarou uma missiva ao arcebispo italiano Salvatore Rino Fisichella, atual pró-prefeito do Dicastério para a Evangelização. No texto, confiava-lhe a missão de capitanear e levar a termo ações que motivariam em toda a Igreja a celebração do Ano Jubilar. Para o Bispo de Roma, esse tempo especial seria um instrumental que deveria "favorecer imensamente a recomposição de um clima de esperança e confiança" (Francisco, 2022). O papa, caudatário da memória e da presença, mesmo que com menor intensidade, da pandemia de Sars-cov-20, que havia ceifado e causado sequelas na vida de inúmeras pessoas, além de provocar sentimentos de solidão, insegurança e medo em toda a humanidade, divisa no Jubileu um momento específico para recobrar a esperança e a confiança. Essas duas posturas, evidentemente, sob a ótica de Francisco, são concretas e possíveis "se formos capazes de recuperar o sentido de fraternidade universal, se não fecharmos os olhos diante do drama da pobreza crescente que impede milhões de homens, mulheres, jovens e crianças de viverem de maneira digna de seres humanos" (Francisco, 2022). Trata-se de um convite a entrelaçar a conversão, própria do Ano Jubilar, com "aspectos fundamentais da vida social, de modo a constituir uma unidade coerente" (Francisco, 2022). Ademais, defende o papa, a preparação para esse ano deveria ser oportunidade única para "que as vozes dos pobres sejam escutadas" e restituídas daquilo que lhes foi tirado, no espírito do que ensina a Sagrada Escritura (Lv 25,6-7). Portanto, um primeiro aspecto aventado como possibilidade de ser vivido no contexto imediatamente próximo à celebração do Ano Jubilar é a dimensão ética que incide sobre esse período de graça. Francisco advoga a reconstrução da esperança, vilipendiada e solapada pelos assombros decorrentes da pandemia, como um caminho a ser percorrido. Ela, contudo, só pode ser recobrada na perspectiva da justiça, da reparação e da solidariedade com os que foram explorados, inclusive a casa comum. Nos termos do papa:

> Sentindo-nos todos peregrinos na terra onde o Senhor nos colocou para a cultivar e guardar (Gn 2,15), não nos desleixemos, ao longo do caminho, de contemplar a beleza da criação e cuidar da nossa casa comum. Almejo que o próximo Ano Jubilar seja celebrado e vivido também com esta intenção. Com efeito, um número cada vez maior de pessoas, incluindo muitos jovens e adolescentes, reconhece que o cuidado da criação é expressão essencial da fé em Deus e da obediência à sua vontade (Francisco, 2022).

Nessa mesma carta, Francisco ainda aponta outros aspectos que devem ser elencados como prisma através do qual a preparação para o Ano Jubilar deve ser realizada: a oração e a sinodalidade. O papa argentino advoga que "a peregrinação rumo ao Jubileu poderá reforçar e exprimir o caminho comum que a Igreja é chamada a empreender para ser, cada vez mais e melhor, sinal e instrumento de unidade na harmonia das diversidades" (Francisco, 2022). Trata-se de um estímulo ao processo sinodal que ele mesmo definiu como "caminho que Deus espera da Igreja do terceiro milênio", pois ela é "a manifestação mais evidente de um dinamismo de comunhão que inspira todas as decisões eclesiais" (Francisco, 2015). De fato, a noção de sinodalidade evoca o sentido mais profundo da revelação de Deus: aquele que caminha com seu povo, pois Ele é o caminho, a verdade e a vida. Ademais, os próprios cristãos no início de sua missão apostólica eram chamados "discípulos do caminho" (At 9,2; 24,14). Destarte, contemplar o Ano Jubilar com um aditivo nesse processo seria uma tendência natural do Papa Francisco. Se Jubileu é um ano da vontade do Senhor, ela deve ser cumprida à luz de uma caminhada comum (sinodal), projeto de uma Igreja neste milênio.

A caminhada sinodal, alentada pelo bálsamo da preparação para o Ano Santo, deve ser, como indica o papa, fundamentada, orientada e conduzida pelas "quatro Constituições do Concílio Ecumênico Vaticano II, juntamente com o magistério destes decênios", que ainda são os guias da comunidade de fé, dispositivos que ajudam "na missão de levar a todos o jubiloso anúncio do Evangelho" (Francisco, 2022). No percurso que antecede o Jubileu, Francisco exorta todos a fazerem memória dos sessenta anos da clausura do concílio, o qual foi uma "flor de inesperada primavera", como definiu João XXIII. Igualmente evoca a teologia conciliar como *leitmotiv* da ação da Igreja no novo século. De fato, o projeto eclesiológico que ele assumiu, fruto de sua bagagem pessoal e do discernimento eclesial, tem na Igreja delineada pelo Vaticano II sua fonte (Ferreira, 2022, p. 112). Ele imprimiu uma nova etapa no processo de recepção do Concílio, marcada por uma nova leitura dos sinais dos tempos e pelo modo como o continente latino-americano apropriou-se do evento conciliar. Trata-se de uma continuidade essencial e de uma descontinuidade acidental. Elementos vitais do Concílio são vicejados, e dados acidentais da Igreja são preteridos, formando uma singular concepção teológica. Assim, ao propor que sejam revisitados os textos basilares da assembleia conciliar, tacitamente afirma que a teologia que deve ser vivida ao longo do Ano Jubilar é aquela que sustenta uma Igreja mais afeita ao "remédio da misericórdia que o da severidade" (MV, n. 4). Esse deve ser o espírito da preparação e do Jubileu.

Ainda no texto dirigido ao arcebispo pró-prefeito do Dicastério para a Primeira Evangelização e as Novas Igrejas particulares, Francisco faz uma última exortação sobre o timbre que deveria

Ano Jubilar "peregrinos de esperança"

emoldurar a preparação para o Ano Jubilar, como dito: a oração. O Bispo de Roma advoga que todo o percurso preparatório seja marcado pela oração, visto que o Jubileu é uma expressão de fé em um Deus que atua na história em nome da aliança que fez com seu povo. Todavia, em específico ele pede que no ano que antecede a celebração haja uma "grande 'sinfonia' de oração" (Francisco, 2022).

Na sinfonia, por oposição aos concertos que se caracterizavam pelo contraste entre um instrumento solista destacado e uma orquestra coadjuvante, não há instrumento principal em relevo, embora existam solos ocasionais. Assim, nota-se que Francisco quer uma harmonia de sons (fonias) executando os quatro movimentos, com características diferentes, do réquiem que lhe é proposto. Trata-se, a nosso juízo, de uma imagem sinodal, na qual o protagonismo não é individual, mas do Espírito, que conduz a Igreja e toda a assembleia com passos cadenciados e singulares.

Ele aponta, ainda, cinco níveis sobre os quais essa sinfonia de oração deve repousar. O primeiro seria "recuperar o desejo de estar na presença do Senhor, escutá-Lo e adorá-Lo", ou seja, a capacidade de sentir a misteriosa ação de Deus no mundo e de recobrar a busca por Ele, em quem o coração humano permanece inquieto enquanto Nele não repousar. O segundo nível é o do agradecimento e louvor a Deus por "tantos dons do seu amor por nós" e "pela sua obra na criação, que a todos compromete no respeito e em uma ação concreta e responsável em prol da sua salvaguarda". Ainda, um estilo de oração que se traduz na "solidariedade e partilha do pão cotidiano", seria um terceiro estágio. Oração, além disso, "que permita a cada homem e mulher deste mundo dirigir-se ao único Deus, para lhe expressar tudo o que traz no segredo do coração", comporia um quarto passo. Por fim, o quinto nível, como "via mestra para a santidade, que leva a viver a contemplação inclusive no meio da ação" (Francisco, 2022). Em síntese trata-se de uma harmônica sinfonia que restaura a transcendental relação com o eterno, com a criação e com o próximo. Portanto, a ideia de Francisco de oração em preparação ao Ano Jubilar perpassa uma mística de olhos abertos para o céu, para o mundo e para o irmão.

Como ato contínuo e desdobramento das propostas suscintamente apresentadas pelo papa àquele que seria o principal fautor das atividades em preparação ao Ano Jubilar, alguns movimentos foram encetados. Sob o patrocínio, inicialmente, do Pontifício Conselho para a Promoção da Nova Evangelização, uma coletânea de livros intitulado *Jubileu de 2025 – Cadernos do Concílio* foi publicada. Ao todo foram trinta e quatro volumes produzidos por teólogos, estudiosos da Sagrada Escritura e jornalistas, que procuraram redescobrir as quatro constituições do Concílio Vaticano II. Emoldurados por elas, um conjunto de temas foram abordados. Entre eles destacam-se:

- *Da Dei Verbum*: A Revelação como Palavra de Deus; A Tradição; A inspiração; A Sagrada Escritura na vida da Igreja.

- *Da Sacrosanctum Concilium*: A Liturgia no Mistério da Igreja; A Sagrada Escritura na Liturgia; Viver a Liturgia na paróquia; O Mistério Eucarístico; A Liturgia das Horas; Os sacramentos; O domingo; Os tempos fortes do Ano Litúrgico; A música na Liturgia.

- *Da Lumen gentium*: O Mistério da Igreja, As imagens da Igreja; O povo de Deus; A Igreja é para a evangelização; O papa, os bispos, os sacerdotes e os diáconos; Os leigos; A vida consagrada; A santidade, vocação universal; A Igreja peregrina rumo à plenitude; Maria, a primeira fiel.

- *Da Gaudium et spes*: A Igreja no mundo de hoje; O sentido da vida; A sociedade humana; Autonomia e serviço; A família; A cultura; Economia e finanças; A política; O diálogo como instrumento; A paz.

Além desses fascículos, houve um número especial que versava sobre a história e o significado do Vaticano II para a Igreja. É o primeiro exemplar e traz uma introdução assinada pelo Bispo de Roma. Nela o autor diz que a preparação para o Jubileu retomar "os textos fundamentais do Concílio Ecumênico" é um compromisso que ele pedia que fosse acolhido por todos como "um momento de crescimento na fé" (Francisco, 2023, p. 7). Exorta todos a "redescobrirem a beleza desse ensinamento que ainda hoje instiga a fé dos cristãos e chama a ser mais responsáveis e presentes no oferecimento para o crescimento da humanidade" (Francisco, 2023, p. 7). Por fim, defende que nesses pequenos opúsculos os bispos, padres e leigos possam "encontrar formas mais adequadas de tornar atual o ensinamento dos padres conciliares, na perspectiva do próximo Jubileu de 2025" (Francisco, 2023, p. 7).

As publicações, não obstante a grandeza do conteúdo produzido por respeitáveis peritos, devem ser vistas como um gesto simbólico do Papa Francisco. Ele, em um contexto de negação, contestação e rechaço do Vaticano II, quis reafirmar o evento conciliar e imprimir uma hermenêutica dos textos para o homem hodierno depauperada de toda e qualquer tergiversação. Apresentando-a nas cercanias da preparação do Ano Jubilar, ele faz luzir sobre a Igreja a necessidade de ainda hoje organizar uma mais acurada recepção do "Pentecostes" celebrado na década de 1960.

Na esteira dessa inciativa, despontou outra, também protagonizada pelo papa jesuíta e já aludida como viés de preparação para o Ano Jubilar. Em 21 de janeiro de 2024, quinto domingo mundial da Palavra de Deus, Francisco deu início ao Ano da Oração, que teria como fito fazer com que todos pudessem "descobrir o grande valor e a absoluta necessidade da oração". Exortou que as pessoas intensificassem "a oração, para que nos preparemos para viver bem este acontecimento de graça e experimentar a força da esperança em Deus". Ato contínuo ao pedido aos fiéis que o ouviam quando da abertura desse especial momento, foi insistir que nas Igrejas particulares do mundo inteiro empreendimentos fossem consolidados para promover a vida de oração.

Em concreto, muitas dioceses desenvolveram inciativas que visavam promover a vida de oração de seus fiéis. Além disso, o Dicastério para a Evangelização, no espírito do que fez com as constituições conciliares, propôs instrumentais para entender melhor e redescobrir o valor da oração. Um coligido com trinta e oito catequeses sobre a oração, que o próprio Papa Francisco proferiu de 6 de maio de 2020 a 16 de junho de 2021, foi publicado pela editora do Vaticano. Outrossim, uma coleção chamada "Apontamentos sobre a oração" foi produzida. Eram oito volumes destinados a recolocar no centro a relação profunda com o Senhor através das múltiplas formas de oração contempladas na lídima tradição católica. Somou-se a isso um subsídio digital para ajudar as comunidades eclesiais, as famílias, os sacerdotes e o povo de

Deus em geral a viver com maior consciência a necessidade da oração cotidiana.

A iniciativa sonhada e efetivada diz do sentido místico empregado à preparação do Ano Jubilar. A consciência da aspiração humana pelo transcendente e a clareza de sua manifestação na história conduzem à oração, à comunhão com o sagrado, tal como é a meta do ano proposto. Não obstante a grandeza da proposta, salvo melhor juízo, as iniciativas sobre o Ano da Oração caminharam à margem e à sombra em muitas Igrejas particulares, pois foi pouco promovida. Sabe-se que algumas ações foram executadas, mas a envergadura do projeto poderia ter tido maior repercussão.

Em termos gerais e atento à proposta de saber qual o sentido do Ano Jubilar para o Papa Francisco, percebe-se que já à preparação ele imputa uma forma. A seu juízo, por ações e palavras o Ano Jubilar é um Ano da Graça no qual a humanidade deve recobrar a esperança, em uma sociedade maculada após a pandemia. A preparação para esse tempo deveria ser marcada pela "escuta da voz dos pobres" e pelo "crescimento na fé" através do estudo e pela "sinfonia de oração". Pontua-se que, para estes dois últimos aspectos, ações concretas e palpáveis deram azo ao que foi proposto pelo papa. A questão da escuta dos clamores dos pobres defraudados de sua dignidade, conquanto seja uma constante da Igreja, não encontrou um congênere para sua efetivação, como tiveram o Ano da Oração e do estudo das constituições conciliares. Esse fato, contudo, não turva a grandeza daquilo que o Bispo de Roma espera do Ano Jubilar.

O Bispo de Roma e o Ano Jubilar: "A semente que caiu em terra boa" (Mt 13,23)

Como mencionado, em janeiro de 2022 Francisco prometeu ao cardeal italiano, à época prefeito do Pontifício Conselho para a Promoção da Nova Evangelização, que seria "emanada no devido tempo" uma bula que conteria as indicações necessárias para a celebração do Jubileu de 2025. De fato, em maio de 2024, solenidade da Ascensão do Senhor, sob o título *Spes non confundit* ("A esperança não decepciona" [Rm 5,5]), o papa jesuíta apresentou o documento com o qual fazia a oficial convocação do Ano Jubilar, bem como dispunha aquilo que ao longo deste especial tempo de graça ele gostaria que fosse vivido.

Na bula, ele se apresenta como "Servo dos Servos de Deus e Bispo de Roma" e espera que, por meio de sua missiva, tantos quantos a lerem sejam alcançados pela esperança. Nota-se que, na escolha do nome que Francisco usa para apresentar a carta, ele se refere a si próprio como Bispo de Roma, tal como feito no dia de sua eleição em várias outras ocasiões. Esse fato, nessas circunstâncias, assinala, como assegurava um historiador, que, antes do papado, o episcopado é uma instituição central no cristianismo (Hoornaert, 2013, p. 153). Ademais viceja colegialidade entre os bispos, da qual o de Roma faz parte e preside como um igual, um *primus inter pares*. Desse modo, por analogia o Jubileu pode ser entendido já na sua apresentação como um convite a uma colegiada caminhada de irmãos, de iguais, que buscam testemunhar no mundo a esperança.

O documento pontifício é redigido sob vinte e cinco parágrafos. Esses pontos, precedidos de uma ligeira introdução,

Ano Jubilar "peregrinos de esperança"

estão divididos em cinco partes, nomeadas: "Uma palavra de esperança", "Um caminho de esperança", "Sinais de esperança", "Apelos em favor da esperança" e "Ancorados na esperança". São elas que adensam e revelam o sentido que o Bispo de Roma quer imprimir a essa celebração jubilar. Francisco, não obstante esteja propondo algo que é consentâneo ao múnus que exerce, o faz em uma perspectiva própria, atento aos "sinais dos tempos".

Como mote do Ano Jubilar, Francisco assumiu, também na bula, o conceito de "esperança" assomado ao de "paciência". Com uma interpretação própria, ele os toma das categorias paulinas. Na perspectiva do apóstolo dos gentios, a noção de esperança é herdeira de uma visão veterotestamentária: Deus é a única esperança. Ele é quem cumpre as promessas feitas a Israel no passado, no futuro e no presente. Paulo interpreta o "ato escatológico divino de salvação em Jesus Cristo" (Everts, 1993, p. 484) como pleno cumprimento das promessas de Deus, que doravante incluem até os gentios. No Ressuscitado, "inicia-se um novo tempo de esperança [...] fortalecido pelo [...] Espírito Santo" (Everts, 1993, p. 484). Assim, o cristão vive uma dimensão de esperança real e outra escatológica. Alimenta uma confiança no futuro, mesmo em meio às vicissitudes da sua realidade cotidiana. Afiança-lhe força para isso – para não sucumbir à dor – o fato de que pela ação do Espírito, já tendo experimentado antecipadamente as alegrias eternas, o fará plenamente no futuro, quando os novos céus e as novas terras se apresentarem.

Francisco associa a essa ideia o conceito de "paciência", que, ao seu juízo, é uma categoria "posta em fuga" nas sociedades contemporâneas. Ela, contudo, não pode ser preterida, pois, além de ser um dado da teologia paulina de estímulo à perseverança e à confiança nas promessas de Deus, é um lenitivo que "mantém viva a esperança e consolida-a como virtude e estilo de vida" (Francisco, 2024, n. 5). O papa jesuíta, reclamando uma intrínseca relação entre paciência e esperança, conclui que a vida cristã é uma caminhada, uma peregrinação. Por essa razão, precisa de "momentos fortes", como um Ano Jubilar para "nutrir e robustecer a esperança, insubstituível companheira que permite vislumbrar a meta: o encontro com o Senhor Jesus" (Francisco, 2024, n. 5). Assim, o Ano Jubilar, além de testemunhar a esperança, deve ser, segundo o papa, um momento em que será impresso um novo e renovador vigor a todos os homens e mulheres do seu tempo.

Por essa razão, Francisco advoga que o primeiro passo do Ano Jubilar deva ser apresentar "sinais de esperança". Contemplando aquilo que o Concílio Vaticano II chamou de "sinais dos tempos", que, em geral, são constatações de desafios sociais, a ideia desses gestos seria desfraldar flâmulas antinômicas aos grandes problemas da vida contemporânea, tais como: a cultura de guerra e do descarte; as políticas antinatalistas e antimigratórias; e as leis gerontofóbicas e aporofóbicas. Para o Bispo de Roma, não obstante existam aspectos salutares na vida hodierna, certas condutas conspurcam valores, ferem dignidades, promovem o caos. Francisco propõe, assim, sete sinais de esperança: paz entre os povos; incentivo à maternidade e paternidade responsáveis; garantia de direitos aos encarcerados; cuidado com os idosos; atenção aos jovens; preocupação com os expatriados; e compromisso com os idosos e pobres.

Ano Jubilar "peregrinos de esperança"

O papa jesuíta insiste que "os sinais dos tempos [...] podem ser transformados em sinais de esperança" (Francisco, 2024, n. 7) e sustenta, em uma sociedade ainda manchada por guerras, que ao longo do Ano Jubilar "não falte empenho de diplomacia para [construir], de forma corajosa e criativa, espaços de negociação em vista de uma paz duradoura" (Francisco, 2024, n. 8). Igualmente, este tempo especial pode concorrer para que, em um contexto de declínio da natalidade, com o apoio da comunidade de fiéis e do aparato estatal, recobre-se na humanidade o "desejo de transmitir a vida" e consequentemente de afiançar o futuro da sociedade, pois "*o desejo dos jovens de gerar novos filhos e filhas*, como fruto da fecundidade do seu amor, dá futuro a toda a sociedade e é uma questão de esperança: depende da esperança e gera esperança" (Francisco, 2024, n. 9, grifo no original).

Ainda nessa linha, a preocupação com os encarcerados, os doentes e os jovens tonar-se-ia outro sinal de esperança. Aos primeiros, como fonte para restituir-lhes a confiança em si e na sociedade, dentro da perspectiva jurídica dos estados, pode-se garantir perdão ou comutação de penas; aos segundos, assegurar o cuidado, que seria como que "um hino à dignidade humana, um canto de esperança que exige a sincronização de toda a sociedade" (Francisco, 2024, n. 11). Ao terceiro grupo, em uma sociedade marcada por grandes mudanças e por um desalento agudo que coloca em xeque o futuro de alguns jovens, é proposto que, ao longo do Jubileu, a Igreja preocupe-se e aproxime-se da juventude (Francisco, 2024, n. 12).

Salta aos olhos que Francisco, dentro do que é tangível por ele, como ação simbólica de sua preocupação com um olhar em direção à humanidade a partir do "reverso da história" (Gutiérrez, 1990, p. 20), propõe um gesto inédito no Anjo Jubilar. Pontifica o desejo de, a seu tempo, abrir uma Porta Santa em uma penitenciária romana como um símbolo que convida a divisar o futuro com esperança:

> Em todos os cantos da terra, os crentes, especialmente os Pastores, façam-se intérpretes destes pedidos, formando uma só voz que peça corajosamente condições dignas para quem está recluso, respeito pelos direitos humanos e sobretudo a abolição da pena de morte, uma medida inadmissível para a fé cristã que aniquila qualquer esperança de perdão e renovação. *A fim de oferecer aos presos um sinal concreto de proximidade, eu mesmo desejo abrir uma Porta Santa em uma prisão, para que seja para eles um símbolo que os convida a olhar o futuro com esperança e renovado compromisso de vida* (Francisco, 2024, n. 10, grifo nosso).

Por fim, gestos em favor dos migrantes, exilados, deslocados e refugiados, bem como dos idosos e dos pobres (Francisco, 2024, n. 13-15), constituir-se-iam um derradeiro sinal de esperança. A esses grupos, nesse período jubilar, no sentido de nutrir-lhes a esperança na sociedade, deveria haver uma preocupação para que não lhes seja roubado, como por vezes ocorre, o "direito de construir um futuro melhor"; não lhes sejam negados "segurança e acesso ao trabalho"; não sejam relegados à "solidão e ao sentimento de abandono" ou, ainda, aos novos empobrecimentos, que os consideram como "danos colaterais", quando, de fato, não o são. Como diz a bula: "Os pobres são quase sempre as vítimas, não os culpados" (Francisco, 2024, n. 15). Assim, ações como acolher, garantir segurança, integrar gerações e priorizar os espoliados

Ano Jubilar "peregrinos de esperança"

seriam sinais distintivos daquilo que o Ano Jubilar se propõe para "nutrir e robustecer a esperança" (Francisco, 2024, n. 5).

Nota-se que Francisco entende que o Ano Jubilar, bem mais que um conjunto de princípios éticos, deve oferecer uma concepção de mundo. Ele elege sete sinais (coincidência bíblica ou escolha deliberada?) concretos que, se promovidos no Ano Jubilar, podem, se não dirimir todos os problemas da humanidade ou converter-se em panaceia hodierna, ao menos alimentar a esperança de um novo tempo. Nestes sinais, toda e qualquer transvalidação filosófica cede lugar à ótica evangélica. Como em outros momentos de sua vida, o papa acentua o relacionamento "periferia-centro" (Borghesi, 2018, p. 57) como algo que deve nortear a ação da Igreja e da sociedade. Trata-se de um olhar que contempla o mundo a partir dos vulneráveis, traço distintivo de uma teologia latino-americana. Esse olhar deve fecundar os sinais de esperança no Ano Jubilar.

Contíguo a essa noção de sinais de esperança que devem ser promovidos, ao longo do Ano Jubilar, Francisco sustenta outra categoria que deve ser vicejada neste "momento forte" da "caminhada" cristã. Para ele, deve haver "apelos em favor da esperança". O papa jesuíta sugere três apelos. Dois dirigidos à sociedade civil e outro à Igreja. Esses elementos emulam a ideia de viver, no nosso tempo, a riqueza da ideia expressa no Pentateuco de que o Jubileu é momento de perdoar as dívidas, de redenção dos pobres, de comida com fartura e de reconciliação entre os povos (Lv 25; Dt 15,1-11).

O primeiro apelo dirigido à sociedade como viés de alento à solidificação e à construção da esperança diz da necessidade de erradicar a fome. Francisco afirma que é "preciso que seja generoso quem possui riquezas, reconhecendo o rosto dos irmãos em necessidade". Debatendo o flagelo da fome, que é "uma chaga escandalosa no corpo da nossa humanidade" (Francisco, 2024, n. 16), o papa argentino renova o pedido à solidariedade. Sua proposta é concreta e já fora ventilada na encíclica *Fratelli tutti* (n. 262). Ele advoga que o dinheiro empregado na fabricação de armas e no aparato militar ao redor do mundo seja destinado a um fundo internacional mundial. Esse recurso, a seu ver, poderia "acabar de vez com a fome" e garantir o desenvolvimento dos países mais pobres", concorrendo, assim, para a redução da violência e para o fim das migrações por razões econômicas. A proposta de Francisco, malgrado os inúmeros interesses escusos e contrários daqueles que detêm esse poder, é alvissareira e realista. Dados apontam que 2,3% do Produto Interno Bruto (PIB) mundial, mais de dois trilhões de dólares por ano, são aportados à estrutura bélica e militar. Um terço desse valor, segundo a Organização das Nações Unidas para a Alimentação e a Agricultura, seria necessário para erradicar a fome no mundo. A concretude da proposta, todavia, esbarra na inapetência dos conglomerados econômicos, na especulação financeira e nos escusos interesses de países que ganham com as intermináveis guerras que nutrem a indústria bélica. Por isso, bem mais que um sinal, a ideia de Francisco é um apelo para que, se ouvida por aqueles que têm o poder de decidir, a coloquem em prática.

A anistia das dívidas, na sequência da consolidação do Fundo Internacional de Combate à Fome, seria outro apelo à promoção da esperança defendido por Francisco. O pontífice convida, particularmente em vista do simbolismo bíblico do Ano Jubilar, que as nações mais ricas sejam capazes de promover o "perdão das dívidas" dos países que nunca poderão solvê-las. Segundo o Bispo de Roma, bem mais que um gesto de longanimidade, tratar-se-ia de uma "questão de justiça" (Francisco, 2024, n. 16). Percebe-se aqui explicitamente que o papa sustenta a ideia de reparação histórica e social. Ele entende que o processo colonizador foi nefasto às colônias e que, de alguma maneira, precisa ser feito um ato de desagravo ante tantas faltas. O perdão das dívidas, caso secundado por normas estritas contra novos endividamentos, pode contribuir para realizar investimentos essenciais no desenvolvimento humano, social e sustentável.

Ainda sobre esse tema, tornam mais aguda essa consciência da necessidade de reparação as desigualdades aprofundadas por uma "dívida ecológica" entre o Norte e o Sul global. Ela foi causada por um uso historicamente assimétrico dos bens materiais com nefastas consequências para nossa casa comum. Assim, prodigalizar um perdão monetário entre as nações é contribuir para que a esperança seja fecundada e o caminho da paz seja trilhado. Concretamente, o Bispo de Roma quer que se possa "remediar as causas remotas das injustiças" (Francisco, 2024, n. 16) e garantir que se vislumbre o uso renovável e sustentável da casa comum. Assim, entende-se que o papa argentino reivindica que a efeméride jubilar seja uma crítica mordaz à adormecida consciência dos países ricos, suscitando neles uma nova forma de relação com as nações empobrecidas, pautada pela reparação, pela justiça e pela fraternidade. Nas palavras de Francisco,

> como ensina a Sagrada Escritura, a terra pertence a Deus, e todos nós vivemos nela como "moradores migrantes" (Lv 25,23). Se queremos verdadeiramente preparar no mundo a senda da paz,

empenhemo-nos em remediar as causas remotas das injustiças, reformulemos as dívidas injustas e insolventes, saciemos os famintos (Francisco, 2024, n. 16).

O derradeiro apelo à esperança de Francisco neste Ano Jubilar contempla especificamente o nicho das comunidades eclesiais. Vale recordar aqui que, no transcurso do Ano Jubilar, serão celebrados os mil e setecentos anos do primeiro grande Concílio Ecumênico da história da Igreja, celebrado em Niceia (325). Inspirado por essa celebração, o papa pleiteia que, a exemplo dos sínodos e concílios celebrados no princípio do cristianismo, este ano seja um dínamo que potencialize e concretize a experiência de agir e evangelizar em perspectiva sinodal onde "todos os batizados, cada qual com o próprio carisma e ministério, se sintam corresponsáveis pela [...] evangelização, a fim de que muitos sinais de esperança deem testemunho da presença de Deus no mundo" (Francisco, 2024, n. 17).

Ainda alentado pela coincidência entre o Ano Jubilar e o aniversário do primeiro concílio ecumênico, o papa latino-americano defende que é ocasião para, como decorre das conclusões conciliares, fomentar a comunhão, a unidade eclesial, o diálogo ecumênico. Ademais, visto que se debateu e estabeleceu-se em Niceia a data para a celebração da Páscoa e que este ano, por uma circunstancial providência, Oriente e Ocidente cristão a celebrarão na mesma data, Francisco sustenta que ambas as tradições deem passos resolutos "rumo à unidade em torno de uma data comum para a Páscoa" (Francisco, 2024, n. 17). A sincronicidade entre a assembleia conciliar e o Ano Jubilar dá azo ao *apelo de esperança*, que tem como fito fazer com que a Igreja, a um só

Ano Jubilar "peregrinos de esperança"

passo, seja cada vez mais amoldada à fisionomia sinodal e símbolo de unidade em sua diversidade de expressões.

O último aspecto do Ano Jubilar, proposto por Francisco, é a forma como devemos caminhar durante o Ano Jubilar: *ancorados na esperança*. Com essa ideia, ele quer destacar o fundamento, a razão e o modo como a esperança é divisada, sentida, vivida e testemunhada pelo povo cristão. Para Francisco, as virtudes teologais exprimem o "essencial da vida cristã" (Francisco, 2024, n. 18). A esperança, como parte dessa tríade, é aquela que indica "a direção e a finalidade da existência que crê" (Francisco, 2024, n. 18). Seu fundamento é a certeza da ressurreição de Cristo, que assegura que, mesmo em "face à morte onde tudo parece acabar, através de Cristo e da sua graça que nos foi comunicada no Batismo, recebe-se a certeza de que 'a vida não acaba, apenas se transforma', para sempre": eternidade (Francisco, 2024, n. 20). Nesse sentido, a vida doada pelos inúmeros mártires ou a clareza do juízo misericordioso de Deus corroboram, para além de toda dor, a crença fiel da esperança na vida eterna (Francisco, 2024, n. 20, 21). Ainda sobre a vivência da esperança, o Bispo de Roma divisa em Maria a "testemunha mais elevada" dessa virtude. Isso porque, "nela, vemos como a esperança não [é] um efêmero otimismo, mas dom de graça no realismo da vida" (Francisco, 2024, n. 20, 21). Ao suportar pacientemente a visão do lado aberto de seu Filho na cruz, percebe-se que "no parto daquela dor oferecida por amor tornava-se nossa Mãe, Mãe da esperança" (Francisco, 2024, n. 24). Portanto, ancorar-se na esperança é, para o cristão, contemplar a própria fé e divisar em Jesus Cristo, que agiu em nome do Pai e pela ação do Espírito, a razão única da esperança cristã. Dito de outra forma, nas palavras de Francisco, a imagem da âncora é sugestiva para compreender a estabilidade e a segurança que possuímos no meio das águas agitadas da vida, se nos confiarmos ao Senhor Jesus. *As tempestades nunca poderão prevalecer, porque estamos ancorados na esperança da graça, capaz de nos fazer viver em Cristo, superando o pecado, o medo e a morte.* Esta esperança, muito maior do que as satisfações cotidianas e as melhorias nas condições de vida, transporta-nos para além das provações e exorta-nos a caminhar sem perder de vista a grandeza da meta a que somos chamados: o Céu (Francisco, 2024, n. 25, itálico nosso).

O Ano Jubilar, segundo Francisco, tem de ser marcado por sinais (*ações*) e apelos (*brados*) que, ancorados na esperança, fecundam mudanças éticas. Ele, como a semente lançada na terra, precisa encontrar terreno fértil para germinar. Visto que muitas situações demandam tempo, amadurecimento, opções políticas, econômicas e eclesiológicas, ele não será nem poderá ser entendido como a panaceia da humanidade. Mas, dado que efemérides, tanto na Sagrada Escritura como no imaginário coletivo, são envolvidas por uma mística de resoluções e deliberações, não custa, como faz Francisco, propor reorientação de posturas. Este singular período, que tem uma conotação muito mais forte para a Igreja, faz com que o Bispo de Roma renove para sua instituição e para a sociedade o desejo de um compromisso com os fragilizados, critério de autenticidade do anúncio do Evangelho (EG, n. 115, 167, 195). Seus apelos e seus sinais são todos em vista de um reequilíbrio da sociedade e da comunidade de fé. Eles visam nutrir no povo a esperança. Desafiam homens e mulheres de boa vontade, com concretude e renovado ardor, a serem peregrinos/testemunhas de esperança.

Implicações eclesiológicas do Jubileu: "Quem tem ouvidos ouça" (Mt 13,9)

O Ano Jubilar, conquanto possa ser vivido fora dos umbrais da estrutura católica, toca primeiramente as comunidades eclesiais. A despeito de oposições que possam ser feitas à sua celebração no interior da Igreja, são os crentes os destinatários iniciais desse movimento. Afinal, ainda que constituído sob inspiração bíblica, é um evento eminentemente católico, surgido nessa instituição sob desejo do povo, mas com anuência do papa da época, Bonifácio VIII. Por essa razão, com a proposição da celebração dessa efeméride, é impossível, mesmo que de maneira sibilina, não intuir que ele goze de consequências eclesiológicas.

Nesse sentido, deve-se dizer que, do Ano Jubilar, no contexto em que é celebrado, despontam implicações para a Igreja. Elas, a nosso juízo, decorrem do espírito do pontificado de Francisco, sob o qual está situada a celebração. No magistério do Bispo de Roma e, de maneira tácita, nos passos preparatórios para a celebração da efeméride ou na bula convocatória, tais implicações emergem. Não são, portanto, afirmações lapidares do papa, pois ele não escreveu um tratado de eclesiologia do Ano Jubilar, mas são ilações que podem ser hauridas divisando seu pensamento, sua postura e suas proposições. Particularmente podem ser feitas se tiverem como escopo ajudar a Igreja a reconhecer-se na expressão sugerida pelos padres do Ocidente e do Oriente nos primeiros séculos da era cristã, retomada por Hugo Rahner e pelo Concílio (LG, n. 1) como *Mysterium Lunae* ["Mistério da Lua"]. Dito de outro modo, entende-se que a Igreja é uma instituição que não tem luz própria. Sua luz, tal como a da lua, deriva de outrem, emana de Cristo. Por essa razão, as proposições a seguir tentam ajudar a fazer com que, na Igreja, a luz de Cristo seja vicejada.

No contexto da celebração do Ano Jubilar, como incitação à Igreja para que resplandeça a luz que lhe fundamenta, isto é, o Cristo, alguns elementos podem ser apontados a partir da bula de convocação, dos passos preparatórios e do magistério do papa jesuíta, a saber: uma Igreja pobre e para os pobres, uma Igreja sinal de esperança escatológica e uma Igreja nicho de formação para o diálogo.

O primeiro elemento que podemos sugerir como uma implicação decorrente da celebração do Ano Jubilar para a Igreja é, inevitavelmente, o de que ela, neste e em outros tempos, escute, promova e defenda os pobres, além de ser ela mesma pobre. Divisando a história, deve-se recordar que, já na escolha do nome pontifício, o cardeal Jorge Mario Bergoglio acenou uma a uma a preocupação da Igreja para com os frágeis e excluídos. Sua biografia pessoal corroborou esse estreito compromisso (Ferreira, 2023, p. 114). Assim, a "Igreja pobre" defendida e proposta ao longo de mais de uma década de papado, bem como à luz da ideia de um Ano Jubilar, tem contornos claros, fundamentos definidos e embasamentos concretos.

A razão para uma Igreja pobre e para os pobres, bem mais do que uma normativa sociológica, econômica ou política, é um imperativo teológico: "No coração de Deus, ocupam lugar preferencial os pobres" (EG, n. 197). Mais ainda, a opção por eles goza de um inextricável vínculo com a fé cristológica (EG, n. 48). Portanto, dado que é notório que o centro da concepção eclesiológica do papa se funde em Jesus Cristo, no rosto de Deus que Ele revelou, e visto

Ano Jubilar "peregrinos de esperança"

que existe uma profunda relação entre a fé em Jesus e os frágeis, é impossível conceber uma Igreja que não seja pobre e solidária com os pobres (EG, n. 198). Seria fugir de uma regra fundamental da fé, da vontade do Pai e do seu projeto (EG, n. 187).

Nesse sentido, entende-se que, nos passos iniciais da preparação para o Jubileu, Francisco, cônscio da dimensão ética que esse período implica, advogou que se fizesse desse tempo uma ode à reconstituição da esperança e da confiança. Isso, contudo, só será possível "se formos capazes de recuperar o sentido de fraternidade universal, se não fecharmos os olhos diante do drama da pobreza crescente que impede milhões de homens, mulheres, jovens e crianças de viverem de maneira digna de seres humanos" (Francisco, 2022). Sustentou que a preparação para esse ano deveria ser uma oportunidade única para "que as vozes dos pobres sejam escutadas" (Francisco, 2022). Igualmente, na bula convocatória do Ano Jubilar, ele defendeu como sinal de esperança que fossem assegurados os direitos dos encarcerados; que toda sorte de imigrantes pudesse ter garantidas as condições de reconstituir sua vida; que os pobres, "quase sempre vítimas", não fossem preteridos nas decisões e projetos políticos (Francisco, 2024, n. 10, 13, 15). Por fim, propõe o perdão de dívidas e a erradicação da fome (Francisco, 2024, n. 16). Não são, verdade seja dita, reivindicações eclesiológicas. Ao propô-las, todavia, dentro do contexto do Ano Jubilar, além de provocar outras organizações, instiga a Igreja, sua primeira ouvinte, a transformações, particularmente se ela quiser colocar-se como fiel testemunha da esperança.

Nesse sentido, é possível afirmar que no limiar de um novo Jubileu a Igreja, para ser fiel ao mistério que sinaliza, deve ser pobre e para os pobres. Ela deve apresentar uma pobreza institucional e um compromisso concreto com a causa dos empobrecidos. Para a dimensão institucional, deve primar pela capacidade de esvaziar-se da tentação de autopreservação (EG, n. 26). Igualmente deve divisar no compromisso com os frágeis o seu mais valioso sinal de credibilidade (EG, n. 195). Quanto mais legitimamente envolvida com "aqueles que a sociedade descarta" (EG, n. 195), mais fiel e crível será a Igreja, testemunho ainda mais eloquente da esperança. Concretamente, a Igreja deve estabelecer uma proximidade física e real com os pobres (EG, n. 199), dando-lhes voz e não apenas assumindo sua voz (EG, n. 188, 198; LS, n. 158); igualmente, identificando novas formas de pobreza e posicionando-se tanto para debelá-las (EG, n. 209-216) quanto para denunciar as causas estruturais da pobreza (EG, n. 204). Somente assim, no compromisso concreto com os pobres, na luta da reparação da injustiça, é que a Igreja poderá apresentar-se como legítima testemunha da esperança. Essa implicação é oportuna para o Ano Jubilar, mas é necessária de maneira duradoura para a Igreja.

Ser sinal de uma confiança escatológica do cristianismo no mundo é outro elemento que, à luz do Ano Jubilar, deve incidir sobre a Igreja. Ela deve mimetizar essa característica em seu modo de ser, além de outras, evidentemente. De fato, Francisco, nas indicações para a preparação do Ano Jubilar, sugere que o período imediatamente próximo à sua celebração seja marcado por uma "sinfonia de oração", recordando "o desejo de estar na presença do Senhor, escutá-Lo e adorá-Lo" (Francisco, 2022). Nota-se, aqui, que este período deve ser adensado por uma abertura ao eterno.

Igualmente, Francisco coloca no coração do Ano Jubilar a dimensão da esperança. Ela é entendida na perspectiva paulina, segundo a qual Deus é a única esperança da humanidade. Ele, que estabeleceu uma aliança com seu povo, não o abandona jamais. No mistério da morte e ressurreição de Jesus, cumpre-se a promessa de Deus de manter-se permanentemente ao lado do seu povo, mas agora com uma incidência ainda maior, visto que ela inclui até mesmo "gentios" – dado que não aparecia no Primeiro Testamento. O cumprimento dessa promessa alimenta a esperança e desencadeia no cristão uma irrefragável capacidade de suportar a dor, o sofrimento, os infortúnios da vida e, até mesmo, a morte, porque ele nutre essa virtude essencial e tem ciência de que "ela realiza as promessas, introduz na glória e não desilude, porque está fundada no amor" (Francisco, 2024, n. 1). Alimenta uma confiança que não recrudesce, pois sabe que, já tendo experimentado antecipadamente as alegrias eternas, o fará plenamente no futuro. Sabe que sua meta, malgrado a escuridão, é o encontro definitivo com o Senhor. Assim, a esperança é uma capacidade de resistir às intempéries da vida, confiando unicamente no infinito. Ela é, a um só passo, concreta e escatológica.

Nesse sentido, caso a Igreja queira, no Jubileu e no futuro, ser uma crível testemunha de esperança, deve apresentar-se ao mundo com essa preocupação essencial, de ser um sinal da confiança fiducial em Deus. Desse modo, ela dever moldar-se como um marco que combate certo "mundanismo espiritual" (EG, n. 93-97) que habita no seio da Igreja e esconde-se sob a fachada de aspectos religiosos. Por esse motivo, o atual Bispo de Roma fez questão de relembrar que é no encontro amoroso com a pessoa de Jesus Cristo, consequentemente, com Deus (EG, n. 7), e na

O Ano Jubilar, o Papa Francisco e a Igreja: testemunhar a esperança!

alegria que essa Boa-nova produz que reside a razão fundante da Igreja. O centro da Igreja, portanto, é o que está para além dela, aquilo que a faz existir, isto é, Deus, que é transcendente, mas que foi revelado no Evangelho. Nesse sentido, para testemunhar a esperança, ela deve viver uma *kénosis*. Apresentar-se com uma incrível capacidade de esvaziar-se em vista de defender o essencial do Evangelho, sem medo de estar "enlameada", "ferida" (EG, n. 49), ou de tornar-se um verdadeiro "hospital de campanha" (Spadaro, 2013, p. 19). Fugindo a toda e qualquer tentação de autorreferencialidade eclesial, que adoece e mata de inanição a comunidade de fé (EG, n. 49, 95), pois, assim, não testemunha o mistério da luz que lhe transpassa, fundamenta e motiva.

Nesse sentido, para ser sinal de uma confiança em uma esperança escatológica, a estrutura eclesial deve esvaziar-se da tentação de autopreservação (EG, n. 26, 27), "mundanismo espiritual" (EG, n. 93) ou autorreferencialidade (EG, n. 95) às expensas de perder o zelo evangélico e não testemunhar a esperança única que lhe move: o encontro definitivo com o Senhor. Seu olhar, movido pela confiança em Deus, deve ser unicamente para o eterno. Sua ação, na facticidade da vida, deve ser de serviço sob o imperativo da misericórdia, que é "a arquitrave que suporta a vida da Igreja" e o fiador da credibilidade dessa instituição (MV, n. 10). Ainda que a ela se interponham críticas ou que alguns, sem justa razão, não a estimem porque dela esperam mais uma instituição senhoril do que uma capacidade servil, esse será o único meio para testemunhar "essa esperança, muito maior do que as satisfações cotidianas e as melhorias nas condições de vida, [que] transporta-nos para além das provações e exorta-nos a caminhar sem perder de vista a grandeza da meta a que somos chamados: o Céu" (Francisco, 2024, n. 25).

Um terceiro elemento que pode ser aventado como característica de uma Igreja que no segundo Jubileu ordinário do século XXI e nos anos vindouros – até quando da Parusia – busca testemunhar a esperança, julgamos, deve ser o de tornar-se casa e escola de formação duradoura para o diálogo, para a unidade (sinodalidade), para o ecumenismo e o diálogo inter-religioso.

Francisco, de fato, na carta que exarou ao atual pró-prefeito do Dicastério para a Evangelização, com a qual tinha como meta enunciar os passos seminais do que deveria vir a ser o Ano Jubilar, fez questão de notar a simultaneidade com que o aniversário de sessenta anos do encerramento do Concílio Vaticano II e o Jubileu coincidem. Por essa razão, ele fez questão de insistir que as quatro constituições do Concílio Ecumênico Vaticano II, juntamente com o magistério destes decênios (Francisco, 2022), sejam vicejadas como instrumentais que continuam a orientar e guiar o povo de Deus. O dicastério responsável pela articulação da efeméride, como já mencionado, atento a essa indicação do papa, produziu trinta e quatro opúsculos que versavam sobre os documentos da assembleia conciliar que foi convocada por João XXIII, que adentrou os umbrais da história como o primeiro papa que não era antimoderno, e encerrada por Paulo VI, que teve a coragem de dar continuidade ao Concílio e de acolhê-lo na Igreja.

Deve-se dizer que o Vaticano II, urdido no coração do "papa bom" como uma "resolução decidida" e "de propósitos firmes", inspirada pelo Espírito Santo (AA, I, p. 5), ao seu termo, fez com que cinco séculos de um conturbado, beligerante e controverso relacionamento com a modernidade fosse, em certa medida, mitigado, repropondo o lugar da Igreja na sociedade contemporânea. Ele, entre outros, tornou-se fautor de uma época dada mais ao remédio do diálogo e da misericórdia do que do castigo e de anatematização. Francisco, na continuidade de seus predecessores, assumiu, como fruto de sua bagagem pessoal e do discernimento eclesial, a Igreja delineada pela assembleia conciliar (Ferreira, 2022, p. 112). A esse evento, ele tem impresso uma nova etapa do processo de sua recepção, marcada sobretudo por uma nova leitura dos sinais dos tempos e pelo modo como o continente latino-americano se apropriou do evento conciliar, mormente em decorrência de Medellín e da Teologia do Povo. Desse modo, ao defender que sejam revisitados os textos basilares da assembleia, implicitamente, além de reafirmar a teologia conciliar, ele está exortando a Igreja a um diálogo amplo, respeitoso e cordato com a sociedade, com as outras religiões e consigo mesma, tal como consignado no concílio. Indica, assim, que o testemunho eloquente como peregrino de esperança da Igreja deve ser mediado pela vivência do diálogo. Não pode ser possível para a Igreja testemunhar a esperança se ela, em todos os tempos, não se abrir ao diálogo, à comunhão e à partilha.

Ainda nessa linha, destaca-se um aspecto específico desse diálogo em que a Igreja deve ser paladina no testemunho da esperança: o ecumênico. Francisco sustenta que o Ano Jubilar, ao contemplar o exemplo de inúmeros mártires que são o "testemunho mais convincente da esperança", encontra um sinal de favorecimento da unidade. Eles, que confessaram com a própria vida o nome de Cristo, não raro pertenciam a diferentes tradições cristãs. Exprimiam, desse modo, um "ecumenismo do sangue" (Francisco, 2024, n. 20c). Por essa razão, o papa jesuíta defende que, ao longo do Jubileu, "não falte uma celebração ecumênica para evidenciar a riqueza do testemunho desses mártires"

(Francisco, 2024, n. 20d). Corrobora essa propensão ecumênica, como capacidade de ser signo de esperança, a disposição explicitada na *Spes non confundit* de que, dado os mil e setecentos anos do Concílio de Niceia, onde foi estabelecida a data da Páscoa para o Ocidente, que se possa como "um passo rumo à unidade", conciliando as opiniões divergentes, propor ao Oriente e ao Ocidente cristão uma data comum para a celebração do evento fundante de sua fé[1] (Francisco, 2024, n. 17d). Dois atos seminais, que, postos em paralelo, testificam que, em uma sociedade e em uma Igreja marcada por polaridades e tensões, somente o diálogo será o viés capaz de catalisar um robusto testemunho de esperança.

Por fim, na trilha da Igreja como escola/casa de formação para o diálogo como sinal de esperança, um derradeiro aspecto que pode ser extraído daquilo que Francisco considera como um dispositivo para a vivência jubilar é o diálogo intraeclesial. O papa tem insistido que a sinodalidade é o "caminho que Deus espera da Igreja do terceiro milênio", visto que ela é "a manifestação mais evidente de um dinamismo de comunhão que inspira todas as decisões eclesiais" (Francisco, 2015). Por essa razão, ele contempla que o Jubileu é um momento para tornar "concreto este modo sinodal, que hoje a comunidade cristã sente como expressão cada vez mais necessária para melhor corresponder à urgência da evangelização" (Francisco, 2024, n. 17a). Mais ainda, poderá

---

[1] A diferença entre as datas da Páscoa celebradas entre os cristãos ortodoxos e católicos está no calendário. Os ortodoxos utilizam o calendário juliano, enquanto os católicos e os protestantes utilizam o calendário gregoriano. A unificação das datas para a celebração da Páscoa da Ressurreição é uma urgência particularmente sentida no norte da África e no Oriente Médio, onde no mesmo território convivem Igrejas e comunidades cristãs que celebram o dia da Páscoa em datas diferentes, observando ou o calendário juliano ou gregoriano.

reforçar e exprimir o caminho comum que a Igreja é chamada a empreender para ser, cada vez mais e melhor, sinal e instrumento de unidade na harmonia das diversidades (Francisco, 2022). A Igreja, portanto, para testemunhar a esperança no mundo, deve ser casa e escola da formação duradoura para o diálogo, para a unidade e para o ecumenismo.

Duas notas derradeiras podem ainda ser apontadas como núcleos em que a igreja pode semear e fecundar a esperança: no perdão e na guarda da casa comum. De um lado, Francisco pontifica que é necessário, no movimento do pêndulo celebrativo do Jubileu, que a Igreja seja custódia da casa comum. Admite que essa divisa é uma das poucas que em maior ou menor grau amalgama pessoas de todos as latitudes sociais e religiosas. Ademais, "um número cada vez maior de pessoas, incluindo muitos jovens e adolescentes, reconhece que o cuidado da criação é expressão essencial da fé em Deus e da obediência à sua vontade" (Francisco, 2022). De outro lado, a Igreja deve ser recinto do perdão e da misericórdia de Deus "que não conhecem limites" (Francisco, 2024, n. 23a), também através de dispositivos como sacramentos e indulgências. Igualmente, essa característica de Deus deve desafiar a humanidade a ofertar seu perdão, que "não pode modificar o que já aconteceu; no entanto, […] pode nos permitir mudar o futuro e viver de forma diferente, sem rancor, ódio e vingança". Desse modo, seria possível, "iluminados pelo perdão […], ler o passado com olhos diferentes, mais serenos, mesmo que ainda banhados de lágrimas" (Francisco, 2024, n. 23c). Portanto, o testemunho eclesial da esperança deve ser mediado pelo cuidado com a criação e dispensar gratuitamente o perdão divino.

Largos traços, entendendo a Igreja como aquela que busca vicejar a luz que lhe atravessa – Cristo – à luz do Ano Jubilar e contemplando o magistério de Francisco, notam-se aspectos que, decorrendo do modo como se propõe celebrar essa efeméride, podem desafiar a Igreja a aprofundar sua missão. O compromisso com os pobres, a fiducial confiança em Deus, o diálogo ecumênico, a sinodalidade, a guarda da casa comum e o perdão, se assumidos com ainda maior radicalidade, podem fazer com que a Igreja seja neste século uma autêntica testemunha da esperança, sendo ainda mais ouvida por aqueles que têm ouvido (Mt 13,9) apurado para perceber uma voz dotada de autoridade testemunhal. Ela pode apresentar-se ao mundo como uma peregrina de esperança, pois age na história com os olhos fitos naquilo que Pedro descreveu como "novos céus e nova terra" (1Pd 3,13).

À guisa de conclusão: a esperança como a "menina que arrasta tudo consigo"

O Ano Jubilar, como proposto por Francisco, desde sua preparação até sua celebração, goza de um sentido próprio. O jesuíta que serve a Igreja como Bispo de Roma utiliza-se desse mecanismo próprio da tradição católica para reafirmar sua convicção e seu sonho para o mundo e para a Igreja. Ele o coloca sob o signo da esperança. Desafia todos a entenderem a vida e a história como uma peregrinação confiante e esperançosa rumo a Deus.

Entre a caminhada e o destino, em razão de situações que contraditam o ideal redentor do fautor de toda esperança, o papa convoca todos a condividirem esforços para que o mundo, marcado pelo desalento e pela dor, reviva em si a confiança na esperança. Ele sugere que esse processo seja marcado, no espírito dos Jubileus bíblicos, pela restauração da fraternidade pautada pela justiça e pela reparação de erros históricos. Advoga que a fé que sustenta a tantos seja vivida e testemunhada com intensidade, de modo a ajudar outros a encontrarem centelhas de esperança.

Como um corolário, tudo o que Francisco advoga para o mundo e para a sociedade, no arco da celebração do Ano Jubilar, tem incidência em uma compreensão eclesiológica. Deve ajudar, por isso, a Igreja a seguir um modelo de ação e trabalho ainda mais autêntico e fiel ao projeto daquele a quem ela é chamada a ser sinal: Cristo e seu Reino.

Por fim, cremos que o Papa Francisco se serve da ocasião jubilar para fazer ainda mais difundido seu projeto de uma Igreja que sempre volta às suas fontes. Sua aposta, neste momento histórico, pela esperança faz eco à convicção de Charles Péguy sobre essa virtude. Para o filósofo francês, ela é uma "menininha de nada", frágil, que espanta a Deus, seu pai, e tem duas irmãs mais velhas, a caridade e a fé. É, contudo, "essa menina que arrasta tudo consigo. Porque a fé só vê aquilo que é. Mas ela, ela vê aquilo que será. A caridade só ama aquilo que é. Mas ela, ela ama aquilo que será. A fé vê o que é. No tempo e na eternidade. A esperança vê o que será, no tempo e na eternidade. Ou seja: o futuro da própria eternidade" (Péguy, 2014, p. 20). A esperança, portanto, está sempre pronta a nos surpreender com a sua frágil força invencível. Oxalá, o desejo de testemunhar a esperança neste Ano Jubilar espante, assuste e mobilize a todos e fecunde ações audaciosas e corajosas para a Igreja e o mundo.

Referências

A BÍBLIA. São Paulo: Paulinas, 2024 [Versão Digital].

ACTA DOCUMENTA CONCILIO OECUMENICO VATICANO II APPARANDO. *Antepraeparatoria*: America meridionalis. Vaticanus: Typis Polyglottis Vaticanis, 1961.

CONCÍLIO ECUMÊNICO VATICANO II. Constituição Dogmática "Lumem gentium". In: *Compêndio do Vaticano II*: Constituições, Decretos e Declarações. 29. ed. Petrópolis: Vozes, 2000.

BORGHESI, M. *Jorge Mario Bergoglio*: uma biografia intelectual. Petrópolis: Vozes, 2018.

EVERTS, J. M. Esperança. In: HAWTHORNE, G.; MARTIN, R (org.). *Dicionário de Paulo e suas cartas*. São Paulo: Paulus/Vida Nova/Loyola, 1993.

FERREIRA, R. Um olhar sobre a Igreja durante a "década franciscana": considerações sobre o projeto eclesiológico do Papa Francisco. In: SOUZA, N.; AQUINO Jr., F. (org.). *10 anos de Francisco*: balanço e perspectivas. São Paulo: Recriar, 2023.

FRANCISCO. *Carta do Papa Francisco ao Arcebispo Rino Fisichella pelo Jubileu de 2025 no dia 11.02.2022*. Disponível em: <vatican.va>. Acesso em: 24.07.2024.

FRANCISCO. Discorso in occasione della Commemorazione del 50.mo anniversario dell'Istituzione del Sinodo dei Vescovi, 17 ottobre 2015. *AAS*, n. 107, 2015, 1139. Disponível em: <vatican.va>. Acesso em: 28.10.2023.

FRANCISCO. *Evangelii gaudium*: sobre o anúncio do Evangelho no mundo atual. São Paulo: Paulus/Loyola. 2013a.

FRANCISCO. Introdução. In: GUERREIRO, E. *Vaticano II*: história e significado para a Igreja. Brasília: Edições CNBB, 2023b. (Coleção Cadernos do Concílio).

FRANCISCO. *Misericodiae vultus*: bula de proclamação do Jubileu extraordinário da misericórdia. São Paulo: Paulus/Loyola. 2015.

FRANCISCO. *Spes non confundit*. São Paulo: Paulus, 2024.

GUTIÉRREZ, G. *La verità vi farà liberi*: confronti. Brescia: Queriniana, 1990.

HOORNAERT, E. O Bispo de Roma. In: SOARES, A. M. L.; PASSOS, J. D. (org.). *Francisco*: renasce a esperança. São Paulo: Paulinas, 2013. p. 145-162.

PÉGUY, C. *Os portais do mistério da segunda virtude*. São Paulo: Paulinas, 2014.

SPADARO, A. *Entrevista exclusiva do Papa Francisco*. São Paulo: Paulus/Loyola, 2013.

VILLAS BOAS, A. Densidade teológica dos gestos de Francisco. In: SANCHES, W. L.; FIGUEIRA, E. *Uma igreja de portas abertas*: nos caminhos do Papa Francisco. São Paulo: Paulinas, 2016. p. 73-74.

CAPÍTULO V

Elementos litúrgicos e celebrativos do Ano Jubilar

Jerônimo Pereira Silva, osb

Um evento que se estende ao longo da história da Salvação, a qual se torna, toda ela, um Ano da Graça do Senhor.

Introdução

Na quinta-feira, dia 9 de maio, solenidade da Ascensão do Senhor, o Papa Francisco anunciou oficialmente o Jubileu ordinário de 2025, com a leitura pública e a entrega da bula de proclamação do mesmo – *Spes non confundit* ("a esperança não engana" [Rm 5,5]) – na Basílica de São Pedro, no Vaticano. Após a leitura da bula, presidiu as II Vésperas, celebradas solenemente no interior da Basílica Vaticana.

A bula, que consta de vinte e cinco números, sublinha a tradição de a cada vinte e cinco anos convocar-se um Jubileu ordinário, evidencia o tema central do que está para iniciar (a "esperança"), coloca tal evento dentro da perspectiva da celebração dos dois mil anos da redenção, "realizada por meio da paixão, morte e ressurreição do Senhor Jesus", em 2033, e dá algumas indicações litúrgicas. Antes de tudo, deve-se sublinhar que a sua leitura se deu em uma ocasião litúrgica: a solenidade da Ascensão do Senhor, em um contexto celebrativo expressivo: as II Vésperas. As celebrações jubilares têm sempre um tríplice aspecto: *litúrgico* propriamente dito; *jubilar*, ligado à tradição própria dos Jubileus, que implicam sobretudo celebrações penitenciais e peregrinações; e *eclesial*, que diz respeito a "grupos" específicos (Jubileu de padres, bispos, religiosos, jovens etc.). A nossa intenção é, levando em consideração esses três aspectos, apresentar a dimensão litúrgico-celebrativa do Jubileu.

Os ritos de abertura e de conclusão do Ano Jubilar em Roma

O Ano Santo é pontilhado e delimitado pela celebração litúrgica. O seu centro é a Eucaristia. O Lecionário bíblico, que conduzirá como mistagogo a Igreja nesse percurso, é o do Ano C, que tem como eixo central o texto evangélico de São Lucas, o evangelista do rosto misericordioso de Deus. O seu início será marcado pela abertura da Porta Santa da Basílica de São Pedro, no Vaticano, no dia 24 de dezembro de 2024, Vigília do Natal do Salvador. A data assinala o início de um percurso de salvação que tem na Páscoa o seu ponto culminante. No Natal, o Mistério Pascal está todo escondido e manifestado, em germe, como início maravilhoso da nossa redenção (coleta, quinta-feira, antes da solenidade da Epifania, MR, p. 152). Os textos dos formulários das quatro Missas dessa solenidade a revelam como início da nossa regeneração (antífona de entrada e oração sobre as oferendas, Missal da Vigília, MR, p. 126). Igualmente, o Lecionário. No Evangelho da Missa da Noite (Lc 2,1-14), que narra no nascimento histórico do Cristo, os anjos anunciam aos pastores: "Hoje, nasceu para vós o Salvador". O Natal também celebra a manifestação do esplendor da glória de Deus (Evangelho da Missa do Dia, Prólogo de São João, 1,1-18); o matrimônio da divindade com a humanidade, no qual Cristo é inúmeras vezes chamado de "Esposo da Igreja"; a recriação de todas as coisas (coleta, terça-feira antes da solenidade da Epifania, MR, p. 148) e a nossa divinização: "Ó Deus, que admiravelmente criastes o ser humano e mais admiravelmente restabelecestes a sua dignidade, dai-nos participar da divindade do vosso Filho, que se dignou assumir a nossa humanidade" (coleta, Natal, Missa do Dia, MR, p. 132). Os formulários das quatro Missas assinalam que, à proclamação do Credo, "todos se ajoelham às palavras: E se encarnou". Importante, nesse ano de modo particular, valorizar a fórmula niceno-constantinopolitana, visto que o Concílio de Niceia celebra os seus mil e setecentos anos – 325-2025 (SNC, n. 17). O Ano Santo é sempre um tempo de redenção, o tempo propício de graça. A mensagem central dos ritos celebrados nessa data é esta: este é o ano da nossa redenção, inaugurado pelo nascimento do Filho de Deus.

No domingo seguinte, 29 de dezembro de 2024, festa da "Sagrada Família de Jesus, Maria e José", o Santo Padre abrirá a Porta Santa da sua Catedral de São João do Latrão, que celebrará, no dia 9 de novembro deste ano, mil e setecentos anos da sua dedicação. Essa data também é liturgicamente significativa. Por cair no domingo, a festa será celebrada como solenidade. A Liturgia das Horas será assinalada pelo canto das I Vésperas, e a Eucaristia pelo número de três leituras, preces e Credo. O formulário da Missa evidencia o júbilo que guiou os pastores rumo ao encontro de Jesus, Maria e José (antífona de entrada), o dom da Sagrada Família como "exemplo luminoso", e implora a graça de imitar as "suas virtudes familiares" (coleta, sobre as oferendas, depois da comunhão). O Lecionário apresenta dois ciclos de leituras com um único Evangelho. No primeiro ciclo, comum a todos os anos, a primeira leitura (Eclo 3,3-7.14-17a [gr. 3,2-6.12-14) evidencia que o sinal do temor do Senhor revela-se no honrar os seus pais, e o Salmo Responsorial (Sl 27) o confirma como uma bênção; a segunda leitura (Cl 3,12-21) apresenta Jesus Cristo como o centro da família cristã. O Evangelho (Lc 2,41-52) apresenta Jesus como o modelo de obediência. O ciclo opcional apresenta-se menos "moralista", concentrando-se sobre o tema dos filhos como dom (Primeira leitura: 1Sm 1,20-22.24-28), à imagem da filiação divina (Segunda leitura: 1Jo 3,1.2.21-24), tudo corroborado pelo Salmo Responsorial (Sl 83).

Posteriormente, no dia 1º de janeiro de 2025, oitava do Natal e solenidade de Santa Maria, Mãe de Deus, será aberta a Porta Santa da Basílica Papal de Santa Maria Maior. O formulário da Missa evidencia a fecundidade da Virgem Maria, que dá à humanidade a salvação eterna, trazendo-nos o autor da vida (coleta), primícias da graça divina (Sobre as oferendas), e coloca em foco o júbilo da participação nos "sacramentos celestes" e na proclamação da maternidade divina da Bem-aventurada Virgem Maria (depois da comunhão). O Lecionário evidencia o Filho de Maria como "o nome" que traz a paz, lido à luz da bênção (Primeira leitura: Nm 6,22-27); o enviado por Deus, na plenitude dos tempos (Segunda leitura: Gl 4,4-7); Palavra de Deus "nestes tempos derradeiros" (Aclamação ao Evangelho), conservada e meditada como narrativa no coração de Maria (Evangelho: Lc 2,16-21). "A esperança encontra, na *Mãe de Deus*, a sua testemunha mais elevada" (SNC, n. 24).

Por fim, no domingo de 5 de janeiro de 2025, solenidade da Epifania do Senhor, será aberta a Porta Santa da Basílica Papal de São Paulo Extramuros. Muito significativa a escolha, porque os textos litúrgicos revelam uma dupla dimensão teológica dessa solenidade, que coloco em estreita simbiose com o "Doutor das Gentes": a solenidade da Epifania celebra a manifestação do Filho de Deus a todas as gentes e o encontro de todos os povos com o Senhor. É o mistério de Natal que se estende para fora dos muros de Belém. O tema não se limita à visita dos magos, mas toca a manifestação do Senhor, dada de forma icástica também no batismo do Senhor e nas bodas de Caná (antífonas do *Benedictus* e *Magnificat*, II Vésperas). O tema da luz, que pervade toda a celebração do Natal, acentua-se na celebração da Epifania, projetando-se sobre todo o mundo (prefácio). Sua interpretação cristológica se dá tanto pela primeira leitura (Is 60,1-6) quanto pelo Evangelho (Mt 2,1-12). A mensagem é "que a luz da esperança cristã chegue a cada pessoa, como mensagem do amor de Deus dirigida a todos. E que a Igreja seja testemunha fiel deste anúncio em todas as partes do mundo" (SNC, n. 6).

Estas últimas três Portas Santas serão fechadas no domingo de 28 de dezembro de 2025, e o Jubileu ordinário terminará com o encerramento da Porta Santa da Basílica Papal de São Pedro, no Vaticano, na solenidade da Epifania do Senhor, no dia 6 de janeiro de 2026. O rito de abertura e fechamento de uma porta, para assinalar, respectivamente, o início e o fim de um Ano Santo, tem caráter "extraordinário" porque a Igreja o cumpre ordinariamente, ao menos o rito de abertura, nas celebrações da dedicação de uma igreja e consagração do seu altar.

O rito "ordinário" de abertura da porta de uma igreja[1]

A história ensina que antes do século IV não existia, nem no Oriente nem no Ocidente, um rito para dedicar um espaço para o uso litúrgico. O rito inaugural de uma igreja consistia unicamente na celebração eucarística (Righetti, 1953, p. 377). Do IV ao VIII século, no Ocidente, a celebração de dedicação de uma igreja era composta de três partes: uma vigília noturna em honra das relíquias do mártir a serem depositadas sob o altar; a solene transladação e deposição das relíquias no lugar a elas destinado; e a celebração da Eucaristia. Quando a austera liturgia romana, caracterizada por sua "nobre simplicidade" (SC, n. 34), entrou em contato com a liturgia galicana, foram acrescentadas as unções com o óleo do Crisma e as repetidas aspersões com água benta. Dessa forma, o espaço passava, alegoricamente, pelo mesmo processo de iniciação ritual dos catecúmenos nos ritos de iniciação cristã. Havia, nesse período, um rito de fechamento da porta da igreja. Ao chegar a procissão das relíquias à igreja, o bispo, deixando fora as relíquias e o povo, entrava e fechava a porta. Acompanhado por um pequeno número de presbíteros, preparava, com unções e aspersões, o

---

[1] Para esta seção, ver Bottino (1999) e Terrin (1999).

altar e o lugar das relíquias dos mártires. Finalmente, abria-se solenemente a porta, e o bispo fazia a deposição das relíquias, acompanhado pelos ministros e pelo povo. A partir do século IX, o Rito de Dedicação tornou-se um verdadeiro espetáculo: celebração longa e suntuosa. Entre outras coisas, a porta da igreja era ungida com o óleo do Crisma. A Eucaristia ficava em segundo plano, quando não era excluída.

Na forma litúrgica pré-conciliar, a primeira parte do Rito de Dedicação de uma igreja era marcada pela solene abertura da porta, precedida pela recitação de sete salmos penitenciais, pela ladainha de todos os santos, pela bênção, pela aspersão com água e pelo movimento de três voltas em torno do edifício. Cada vez que o bispo passava diante da porta, rezava uma oração [coleta], batia com o báculo na porta e dizia em voz alta um versículo do Salmo 24: *Ó portas, levantai vossos frontões! Elevai-vos bem mais alto, antigas portas, para que assim o Rei da Glória possa entrar*, ao que o diácono respondia do lado de dentro: *Dizei-nos: Quem é este Rei da Glória?* O bispo completava: *É o Senhor, o valoroso, o onipotente, o Senhor, o poderoso nas batalhas*. Somente na terceira vez a porta era aberta, e o bispo, com o clero e o povo, entrava na igreja, depois de traçar o sinal da cruz no batente da porta. A explicação alegórica desse rito fala da descida de Cristo aos infernos para tomar posse do reino das trevas. No dia 1º de abril de 1961, o Papa João XXIII promulgou um novo Rito de Dedicação, que tinha passado por um processo de simplificação, iniciado sob o pontificado de Pio XII.

Depois do Concílio Vaticano II, o Rito de Dedicação de Igreja e de Altar (RDIA) foi revisto de acordo com os princípios e diretrizes da constituição litúrgica *Sacrosanctum Concilium*. Impresso *ad experimentum* em 1971, foi aprovado em 1977. A versão brasileira foi promulgada em 1983, entrando em vigor no dia 10 de junho de 1984. O novo Rito de Dedicação restituiu à celebração eucarística o seu papel primordial e manteve em destaque a abertura da porta. Tratou com a devida dignidade a trasladação das relíquias dos santos, mas em caráter facultativo.

O novo rito tem quatro partes: Ritos Iniciais, Liturgia da Palavra, Prece de Dedicação e Unções, Liturgia Eucarística. Diante da porta fechada, estando o povo reunido, o bispo, com os concelebrantes e demais ministros (trazendo as relíquias), saúda o povo, recebe simbolicamente o edifício, pede ao pároco que abra a porta e procede a procissão cantando o Salmo 24. Não há mais a tomada de posse do edifício por parte do bispo (n. 34, 41).

O rito de abertura e fechamento da Porta Santa de cada Ano Santo é forma extraordinária desse rito de entrada na dedicação da igreja e do altar.

O sentido simbólico da porta

A concepção de liminaridade encontrou significativo espaço para instalar-se nos recentes estudos litúrgicos. Como é sabido, essa categoria analítica, originalmente cunhada por teorias antropológicas com as quais foram interpretados os ritos de passagem (Van Gennep, 1981) e posteriormente as performances culturais (Turner, 2007), foi difundida pelas diversas disciplinas até ser aceita na pesquisa teológica interessada em ritual litúrgico (Bonaccorso, 2014). O conceito designa uma metamorfose com a qual um sujeito, ao passar de um estado a outro, assume uma nova forma de identidade/existência ao acolher o *éthos* da comunidade à qual está agregado. Numerosas e complexas implicações antropológicas, psicológicas e sociais, decorrentes da experiência liminar, foram amplamente documentadas em estudos e pesquisas multidisciplinares (Brelich, 2008).

Nesse contexto, a porta do espaço sagrado desempenha um papel fundamental, pois nela se estrutura a forma ritual da passagem. Esse espaço de interlúdio e passagem sempre foi objeto de imaginação criativa, rica fonte de inspiração para as artes da escultura, arquitetura, pintura. As práticas artísticas, de fato, aproximam-se muitas vezes da liminaridade, criando em certo sentido um ritual de passagem para mundos imaginários. Em particular, os portais das igrejas com os relevos e pinturas estão alinhados e conduzem o observador em uma direção definida, em direção à profundidade do santuário interior. São caminhos simbolicamente fechados rumo à intimidade do interior e à majestade do alto sustentados por um impacto visual, por um processo de atração que transpõe os elementos escultóricos em feitos e olhares de fé. O *limen* sagrado cria, dessa forma, uma sobreposição ontológica com o profano, pois a travessia assume a dimensão de tornar-se sagrado. No contexto cristão, a porta tem um profundo caráter sagrado/santo devido ao seu elevado caráter cristológico – *Christus janua vera* – à luz de João 10,9b: "Se alguém entrar por mim, será salvo".

O tema da porta é mencionado muitas vezes pelos evangelistas para indicar uma passagem significativa ou a entrada em uma nova maneira de viver. Já no Antigo Testamento destaca-se a porta da tenda, especialmente a tenda da reunião (Ex 33,8-10; Nm 12,5), como lugar de estar diante do Senhor (Nm 16,17-18).

Ali se oferecem sacrifícios (Ex 29,10), realizam-se refeições sagradas (Lv 8,31) e são tomadas decisões importantes para a vida da comunidade (Lv 8,3-4; Nm 10,3; 16,19; 25,6; Dt 31,14; Js 19,51). Tais atribuições foram assumidas pela porta da cidade (Dt 22,24; 2Sm 10,8; Jó 5,4) e pela porta do templo (1Rs 6,31; 2Cr 4,9.22; Ez 40,1-47; At 3,2; 21,30).

No Novo Testamento, Jesus aparece operando milagres diante da porta onde se reunia o povo (Mc 1,33); Jesus recomenda fechar a porta para rezar em segredo (Mt 6,6) e, ressuscitado, vai ao encontro dos seus discípulos "estando fechadas as portas do lugar onde se encontravam por medo dos judeus" (Jo 20,19.26). Bater à porta significa desejo de entrar na intimidade (Ct 5,2; Mt 7,7-8; 25,11; Lc 13,25); abri-la é sinal de acolhida (Ap 3,20) e fechá-la quer dizer não a quem se aproxima (Mt 25,10; Lc 13,25). O seguimento de Jesus é significado com a imagem da passagem pela porta, que é, antes de tudo, estreita (Lc 13,24). Em Ap 4,1, fala-se de uma porta aberta no céu. Enfim, o próprio Jesus se apresenta como a porta: "Eu sou a porta das ovelhas; se alguém entrar por mim, será salvo; entrará, sairá e encontrará pastagem" (Jo 10,7.9). A porta por excelência é o próprio Jesus. Somente por esta porta se pode chegar ao mistério da plena reconciliação com Deus, consigo mesmo e com os irmãos.

Breve história do rito extraordinário de abertura da porta

O Papa Martinho V (1417-1431) abriu, simbolicamente, pela primeira vez a Porta Santa da Basílica de São João do Latrão no Ano Santo de 1423, o quinto Jubileu da história. Não se tratava, porém, de uma verdadeira porta, mas de uma "passagem" com uma moldura fechada com tijolos.

No entanto, foi o Papa Alexandre VI (1492-1503) a dar a esse rito uma majestosa importância. Realizando-o pela primeira vez na Basílica Vaticana, nas I Vésperas do Natal de 1499, no oitavo Jubileu. Auxiliado pelo seu cerimoniário, Giovanni Burcardo, o papa deu forma ao rito da abertura da Porta Santa, "que se tornou o rito mais sugestivo e típico dos Jubileus" (Pereira, 2016, p. 5). Na ocasião, estabeleceu-se que a porta ficaria aberta durante todo o Jubileu, tanto de dia como de noite. Não só a porta da Basílica Vaticana, como também a de São João do Latrão, a de Santa Maria Maior e a de São Paulo Extramuros. Diante da porta fechada com tijolos, o papa chegava, em procissão, com os cardeais, quebrava a parede com um martelo e se ajoelhava no batente, em oração. Depois se levantava e, com uma vela na mão, atravessava a porta entrando na basílica para celebrar as Vésperas.

No encerramento, na quarta-feira, 6 de janeiro de 1501, durante as Vésperas da solenidade da Epifania, o papa entrou processionalmente pela Porta Santa para a celebração das Vésperas, oficiadas por dois cardeais. Ao terminar as Vésperas, teve início a procissão na qual o papa foi o último a sair pela porta. Abençoou as pedras e os tijolos, espalhou cimento na entrada da porta e assentou os três primeiros tijolos (serviço continuado pelos pedreiros). No Ano Santo de 1525, no pontificado de Clemente VII (1478-1534), o rito passou por alguns retoques feitos pelo Mestre Biagio de Cesena. Este rito foi substancialmente seguido em todos os Jubileus sucessivos (Catella, 1999, p. 623-635). Uma porta de madeira foi

Ano Jubilar "peregrinos de esperança"

colocada pelo lado de dentro das basílicas, insinuando o desejo de uma porta de verdade, em vez de uma parede.

O Papa Paulo VI (1963-1978), no primeiro Jubileu ordinário do seu pontificado, em 1975, resgatou o simbolismo bíblico e litúrgico da porta, substituindo a parede por uma porta de verdade.

No grande Jubileu do ano 2000, os ritos relativos à porta continuaram reservados à Basílica Vaticana e às basílicas patriarcais. A abertura do Jubileu nas Igrejas particulares (25 de dezembro de 1999) valorizou outros aspectos rituais, tais como a *statio* (rito inicial de uma procissão Litúrgica) e uma liturgia em torno do livro dos Evangelhos.

O novo rito de abertura da Porta Santa na Basílica Vaticana na noite de 24 de dezembro de 1999 teve a seguinte sequência: reunião da assembleia diante da Porta Santa; chegada do papa em procissão, ao canto do Salmo 121 (*Alegres iremos à casa de Deus*); sinal da cruz, saudação, exortação e oração; canto do aleluia e proclamação do Evangelho de Lc 4,14-21. Em seguida, o papa cantou versículos de salmos, alternando com o povo: *Esta é a porta do Senhor, por ela só os justos entrarão* (Sl 117,20); *Entro em vossa casa, Senhor, e no vosso templo santo vos adoro* (Sl 5,8) etc. Empurrou a porta com as duas mãos, ajoelhou-se e rezou em silêncio. Foi entoado o hino *Jesus Cristo ontem, hoje e sempre*; a porta foi ornada com flores e perfumada; o papa recebeu o Evangeliário, apresentou-o à assembleia e entrou na basílica, seguido da procissão para a entronização do livro dos Evangelhos.

A sequência para o fechamento da Porta Santa no dia 6 de janeiro de 2001 foi a seguinte: reunião do povo diante da Porta

Santa, chegada do papa em procissão, ao canto do Salmo 95; sinal da cruz; saudação, exortação e oração. Ao canto da antífona *Ó Chave de Davi*, o papa se aproximou da porta, ajoelhou-se nos degraus, rezou em silêncio e fechou a porta, seguindo em procissão para o interior da igreja pela porta central, ao canto do hino *Jesus Cristo, ontem, hoje e sempre*.

Por vontade expressa do Papa Francisco, o Jubileu Extraordinário da Misericórdia (2016) foi celebrado em todo o mundo, com os ritos em torno da Porta Santa, chamada "da Misericórdia", assinalando o início e o fim do Jubileu. O Conselho Pontifício para a Promoção da Nova Evangelização elaborou um subsídio para a celebração do Jubileu, incluindo os ritos de abertura e conclusão nas Igrejas particulares. O subsídio descrevia as partes das quais se compunham os ritos, a saber: a *statio*, o caminho processional, a abertura da Porta da Misericórdia e a entrada solene na catedral; a memória do Batismo, a celebração eucarística e a oração de ação de graças, própria da celebração conclusiva do Jubileu. O rito de abertura da Porta da Misericórdia apresentou-se como o sinal específico da celebração inaugural do Ano Santo extraordinário e parte integrante da celebração eucarística, tendo a mesma estrutura apresentada por Giovanni Burcardo para o Jubileu de 1500.

Enquanto nas basílicas papais abriu-se uma porta lateral e, em certo sentido, extraordinária, nas Igrejas locais abriram-se as portas principais, como eminente símbolo cristológico, antes de tudo pela sua centralidade arquitetônica, conforme a afirmação do Senhor: "Eu sou a porta" (Jo 10,7.9). O bispo abriu a porta com os tradicionais versículos do Salmo 117, introduzidos no Rito para o Jubileu do ano 2000. As portas, espalhadas por todo

Ano Jubilar "peregrinos de esperança"

o mundo, estavam ornamentadas com ramos frondosos ou com ornamentos próprios de cada cultura. No rito, a porta assume sempre sua clara função de "limite". No limite, o bispo parava e fazia-se silêncio.

O bispo recebia e apresentava ao povo o Evangelho, gesto ratificado pela antífona evangélica: "Eu sou a porta, diz o Senhor", pois, em Cristo, porta e palavra se condensam. A porta, enquanto tal, não se define como um lugar, mas como um limite entre um lugar e outro, entre o dentro e o fora, entre o interno e o externo; poderíamos dizer, entre a liturgia celebrada e o oferecimento existencial no dia a dia. A porta apresenta-se como "chave" de todos os ritos de passagem (Terrin, 2001, p. 357-370). A memória do Batismo, a liturgia da Palavra e a liturgia eucarística, que se seguiram ao rito de passagem pela porta, testemunhavam o seu poder de introduzir os fiéis em uma realidade que se faz sempre nova.

O rito de abertura e o de conclusão do Ano Jubilar nas Igrejas locais

No número 5 da bula, o Santo Padre estabelece que no domingo de 29 de dezembro de 2024, festa da Sagrada Família de Jesus, Maria e José, em todas as catedrais e concatedrais, os bispos diocesanos celebrem a Santa Missa Estacional como abertura solene do Ano Jubilar. Para evitar a duplicação, nas Igrejas que gozam da presença de uma concatedral, em tal celebração, o bispo poderá ser substituído por um delegado, propositadamente designado. O mesmo número indica que o Ano Santo terminará nas Igrejas particulares no domingo de 28 de dezembro de 2025, festa da Sagrada Família.

A Seção para as Questões Fundamentais da Evangelização no Mundo, do Dicastério para a Evangelização, em parceria com o Dicastério para o Culto Divino e a Disciplina dos Sacramentos e a Penitenciária Apostólica, publicou, como previsto, os Textos litúrgicos e as Normas sobre a concessão da indulgência jubilar (TL – Dicastério para a Evangelização, 2004). O texto consta, além da Carta do Dicastério para a Evangelização e do Decreto do Dicastério para o Culto Divino, do Rito de Abertura do Ano Jubilar nas Igrejas particulares; Rito de Conclusão do Ano Jubilar nas Igrejas particulares; três formulários de Missas para o Ano Jubilar; um Lecionário, para uso conjunto com os formulários; um apêndice contendo cinco fórmulas para a terceira forma do ato penitencial, quatro formulários (introdução e oração conclusiva) para a oração universal, orações para a peregrinação (os Salmos 15[14], 24[23], 84[83], 95[96], 118[117], 122[123], 136[137]) e a ladainha de todos os santos. Na última parte encontram-se as normas sobre a concessão de indulgência durante o Jubileu ordinário do ano 2025, proclamado pelo Papa Francisco.

A Missa Estacional

O vocábulo latino *statio* quer dizer, literalmente, "ficar imóvel", "parar" ("estacionamento" em português), mas não só. No ambiente romano antigo significava, também, lugar de pausa e de encontro. No ambiente militar significava estar de prontidão, estar de guarda. Nos primeiros séculos da Igreja de Roma, o termo foi assumido pelos cristãos para indicar os dias de jejum antes das grandes celebrações, chamados ainda hoje "dias de guarda". Mais tarde, indicava a igreja para onde o bispo se dirigia, juntamente com o clero e os fiéis, para celebrar a Eucaristia, depois de terem se encontrado em uma igreja precedente (*collectio*), para dali saírem em procissão, ao canto da ladainha de todos os santos.

A comunidade se reunia em um edifício específico, geralmente em outra igreja, chamada *collectio*/coleta (em latim "reunião"), junto com todo o clero. Dali, depois de celebrados os ritos iniciais, partia-se em procissão, ao canto da ladainha de todos os santos, na direção da igreja onde se deveria celebrar a Eucaristia. A Missa, iniciada na igreja do "encontro", continuava com a liturgia da Palavra, seguida da liturgia eucarística e dos ritos de bênção e despedida. Nesse século, numerosos ministros começam a aparecer: Sumo Pontífice, bispo, presbítero, diácono, subdiácono, leitor, acólito, exorcista, ostiário, cantor, salmista.

Outras dioceses na Antiguidade também desenvolveram liturgias estacionais, que incluíam uma procissão, geralmente atrelada ao culto litúrgico dos mártires. Entre elas estavam Jerusalém, Constantinopla, Milão, Antioquia, Tours, Metz, Vercelli e Pavia. Em Aquileia, realizavam-se as estações para as três Missas de Natal, para as festas dos três dias seguintes e para as férias da Páscoa. Mais tarde, tentou-se imitar as estações romanas, introduzindo um ciclo de Missas celebradas pelo bispo nas várias igrejas das cidades do Império Carolíngio (século IX). Tal nome ("estação") também foi dado àquela igreja que era a meta para a qual os fiéis se dirigiam em procissão, e o caminho que percorriam para alcançá-la tornou-se *statio ad...* ("estação para..."). Essas estações estiveram indicadas para a Igreja de Roma, embora não mais se celebrassem, até a última edição do Missal Romano tridentino de 1962.

O Missal Romano recomenda vivamente que, sobretudo no Tempo da Quaresma, "se conserve ou incremente [...] a tradicional forma de reunião das Igrejas locais, como nas 'estações' romanas" (p. 162), e prevê, como dia propício para isso, o domingo ou um dia da semana, especialmente quando o bispo possa presidir. Como lugar, são indicadas as sepulturas dos santos, as principais igrejas ou santuários ou as igrejas que são meta de peregrinação na diocese. Em seguida, o texto descreve o programa ritual: havendo procissão antes da Missa, de acordo com o lugar e as circunstâncias, a *statio*/reunião acontece em uma igreja menor ou em outro lugar adequado fora da igreja à qual se dirige a procissão.

Depois da ordinária saudação ao povo, o presidente faz a oração. Terminada a oração, a procissão se encaminha à igreja onde será celebrada a Missa, enquanto canta-se a ladainha dos santos, à qual pode-se acrescentar o nome do padroeiro, do santo do dia etc. Quando a procissão chega à igreja, feitas as devidas saudações ao altar (beijo, incensação), canta-se o "Senhor, tende piedade", se for o caso; quando previsto, canta-se o Glória, diz-se a Oração do Dia, e a celebração continua como de costume; incentiva-se à despedida a "bênção sobre o povo" e, como novidade máxima, o Missal sublinha a possibilidade de, no lugar da Missa, nessas assembleias, celebrar a Liturgia da Palavra de Deus.

O Cerimonial dos Bispos (1600) falava de Missa Pontifical para se referir à Missa presidida solenemente pelo bispo; a edição de 1984, por sua vez, descreve a Missa Estacional, que deveria ser cantada e que, para tanto, na nova edição do Missal apresenta abundância de melodias (CB, n. 121), distinguindo-se não pelo aparato cerimonial, mas pela participação de todos os membros do povo de Deus, segundo o preceito do *Sacrosanctum Concilium*, n. 41. O n. 119 do Cerimonial dos Bispos evidencia que, para esse tipo de celebração, tenha-se presente, o quanto possível, a possibilidade do maior número de fiéis e, mais, que os sacerdotes concelebrem com o bispo, os diáconos prestem o seu serviço e os acólitos e os leitores exerçam as suas funções.

Embora seja verdade que, "sempre que o bispo preside uma celebração, se dá a *statio* da Igreja particular" (Marini, 2000, p. 157), ela deve ser observada sobretudo nas grandes solenidades do Ano Litúrgico, como a Missa Crismal, a Missa Estacional por excelência, a Missa da Ceia do Senhor, a celebração do santo padroeiro da diocese e o aniversário da ordenação episcopal do bispo (CB, n. 120). Outras celebrações mantêm a estrutura de Missas Estacionais, tais como a Apresentação do Senhor, no dia 2 de fevereiro, o Domingo de Ramos e a dedicação de uma igreja. Outras podem englobar essa estrutura, tais como a Missa da Bênção Abacial ou mesmo a Missa de Consagração das Virgens etc.

É aconselhável que os diáconos participem, distribuindo-se os vários ministérios entre eles. Deve haver pelo menos três: um que anuncia o Evangelho e serve no altar e dois que auxiliam o bispo. Na falta de verdadeiros diáconos, algumas de suas tarefas são desempenhadas por sacerdotes, nunca vestidos com paramentos diaconais, mas sempre presbiterais, e que devem concelebrar a Missa (CB, n. 122).

As Missas Estacionais de abertura e conclusão do Jubileu nas Igrejas particulares

Como toda Missa Estacional, para a Missa de Abertura do Ano Santo nas dioceses, está prevista uma concelebração, com abundância de ministérios e convocação de todo o povo de Deus (TL, n. 3). O sinal particular da inauguração do Ano Jubilar é a procissão/peregrinação da *collectio* à catedral, encabeçada pela cruz do Jubileu, ornada. A cruz do Jubileu deve ser uma cruz significativa para a diocese, de dimensões consideráveis e pensada para permanecer junto do altar para a veneração dos fiéis durante todo o ano (TL, n. 9). Nunca é demais salientar que tal cruz seja a única cruz exposta dentro da igreja, evitando-se uma multiplicação de cruzes (TL, n. 30):

> A peregrinação, desde a igreja escolhida para a concentração até a catedral, seja o sinal do caminho de esperança que, iluminado pela Palavra de Deus, une os crentes. Durante o percurso, leiam-se algumas passagens deste Documento e anuncie-se ao povo a Indulgência Jubilar, que poderá ser obtida segundo as prescrições contidas no mesmo Ritual para a Celebração do Jubileu nas Igrejas particulares (SNC, n. 6).

O rito desenvolve-se da seguinte forma:

Na igreja *collectio* (TL, n. 6-14, 17-31), que deve ter a capacidade de acolher uma grande assembleia, tudo tem início com o canto de abertura, que pode ser o hino do Jubileu – *Chama viva da minha esperança*, ao qual se seguem o sinal da cruz, a saudação própria e o convite por parte do bispo a louvar a Deus de forma responsorial com os textos de Sl 32,20-22 ou com outra fórmula

Ano Jubilar "peregrinos de esperança"

indicada. O bispo faz uma breve exortação ao povo, contextualizando a celebração particular de abertura do Ano Santo dentro do calendário litúrgico da festa da Sagrada Família, à qual se segue um breve momento de silêncio e a oração. A oração desenvolve uma série de pedidos ligados ao texto de Is 58,6-8. Depois da oração, o diácono proclama o Evangelho segundo Jo 14,1-7, que fala de Jesus como caminho, verdade e vida. Após uma pausa de silêncio, dá-se a leitura de alguns parágrafos da bula de convocação do Jubileu. Terminada a leitura, tem início a procissão, chamada de peregrinação, na qual se dá grande ressalto à cruz jubilar e ao Evangeliário. Durante a procissão prevê-se o canto da ladainha ou cânticos adequados, ou "alguns salmos" intercalados com antífonas. O ritual indica três (Zc 2,14; Hb 13,8.20; Ap 15,3), cujo conteúdo é uma espécie de louvor a Cristo, invocado como o eterno, o sol da justiça, Senhor Onipotente e Rei dos povos. A procissão para à porta da catedral, que já estará aberta. Faz-se uma louvação à cruz e dirige-se à fonte batismal, onde se celebra a memória do Batismo, que consiste em uma exortação episcopal, um momento de silêncio e uma oração. Em seguida, o bispo asperge a assembleia ao canto de antífonas (são indicadas: Sl 50,9 e Ez 36,25-26). Chegando ao presbitério, enquanto o bispo beija e incensa o altar e a cruz, cantam-se antífonas próprias do tempo. Canta-se o Glória, e a Missa segue como de costume, utilizando-se o formulário próprio da festa da Sagrada Família. "A celebração da Missa constitui o vértice do Rito de Abertura do Ano Jubilar" (TL, n. 15).

A Missa Estacional de conclusão do Jubileu também tem lugar na catedral, com as mesmas prerrogativas para a Missa de abertura no que diz respeito à concatedral. Não se prevê para essa

Eucaristia uma procissão diferente da habitual. A cruz jubilar deve estar ornada (TL, n. 4). O formulário da Missa é o da Sagrada Família, e tudo se segue como o ordinário (TL, n. 10, 18), exceto pela introdução do hino *Te Deum* ou outro canto de ação de graças (TL, n. 15). Algumas atenções particulares são dispensadas à oração universal (TL, n. 5), à apresentação das oferendas (TL, n. 6), ao canto de ação de graças (TL, n. 8), à oração sobre o povo ou bênção solene e à despedida (TL, n. 9). O ritual ainda prevê que a comunhão seja sob as duas espécies, segundo os ditames da Instrução Geral do Missal Romano, n. 281 (TL, n. 7).

Exclui-se completamente a possibilidade de celebrar Missas de abertura e conclusão do Jubileu em outras igrejas, basílicas ou santuários da diocese.

As Missas para o Jubileu

A imagem bíblica da Eucaristia no Antigo Testamento é a do pão que sustenta e anima a caminhada, o pão da esperança. Foi assim com o maná no deserto (Ex 16) e com Elias (1Rs 19). No Novo Testamento, ela é apresentada como o pão que revigora e conduz no caminho do testemunho de Jesus Cristo, como aconteceu com os discípulos de Emaús, também aqui, pão da esperança. A Igreja, para ser uma Igreja de esperança, deve ser antes de tudo uma Igreja que vive da Eucaristia no sentido amplo dessa palavra. É preciso passar de uma visão redutiva da Eucaristia (hóstia) para a Eucaristia como "ação de graças" que condensa em si a memória das maravilhas de Deus do passado, da sua misericórdia no presente, na esperança do encontro que não decepciona aqueles que nele depositaram sua fé. É preciso passar da celebração para uma vida segundo o mistério celebrado.

Para tanto, como já acenado, foram propostos três formulários de Missa, todos de nova composição, que podem ser usados onde se realizam celebrações particulares por ocasião do Ano Santo. As antífonas de entrada evidenciam a necessidade do esperar no Senhor (Sl 26,4 – formulário A), a memória de que ele tem sido refúgio para o seu povo ao longo da história (Sl 89,1-2 – formulário B) e a estreita relação entre batismo/vida cristã e a esperança (Tt 3,5.7 – formulário C). As antífonas da comunhão colocam em ressalto a unção espiritual messiânica destinada ao anúncio da Boa-nova e do "Ano da Graça" (Lc 4,18.18 – formulário A), o proceder cristão vivido na expectativa do cumprimento da "feliz esperança" e da manifestação da glória de Deus (Tt 2,12-13 – formulário B) e a promessa de Jesus de permanecer com os seus "até o fim dos tempos" (Mt 28,20 – formulário C).

As coletas constituem uma verdadeira mistagogia do tema do Jubileu. Deus é invocado como o "ardente desejo do coração humano" (formulário A), nossa única esperança e emissor do Salvador ao mundo (formulário B) e aquele que, por meio do Unigênito, deu ao mundo o "remédio da salvação e a graça da vida eterna" (formulário C). Na parte epiclética, pede-se que os que peregrinam no Ano Santo, unidos a Cristo, possam chegar alegremente "à meta da feliz esperança" (formulário A), e que seja a luz do Mistério Pascal de Cristo a guiá-los (formulário B). Estes são apresentados como os "que renasceram em Cristo", para os quais se implora a força de colocar em ato os mandamentos, "para que o povo chamado ao Reino do Pai seja firme na fé e alegre na esperança" (formulário C).

As orações sobre as oferendas, que apresentam o Pai como o "misericordioso", pedem que, acolhendo os dons da família (Igreja) reunida, com a ajuda da sua proteção, os fiéis ofertantes possam guardar os dons recebidos e chegar aos eternos (formulário A); que as oferendas apresentadas subam como "dom agradável", capaz de gerar nos ofertantes a vida eterna do Filho, que os tornou imortais pela sua própria morte (formulário B), e que o Pai, contemplando os dons apresentados, contemple o seu Filho, "que se deu a si mesmo para salvar a humanidade", a fim de que, em toda parte da terra, seja oferecido "o sacrifício único e perfeito" (formulário C).

Os prefácios são cristológicos. A mediação crística, razão única do motivo da alegria eucarística, é a "salvação sempre invocada e esperada", que convida todos à mesa, cura as feridas do corpo e do espírito e dá aos aflitos o regozijo (formulário A); é a única esperança que supera todas as expectativas humanas e ilumina os séculos infinitos (formulário B), e que, recolhendo na unidade os filhos dispersos, abre à Igreja a esperança do júbilo sem fim (formulário C).

As orações para depois da comunhão pedem que o Pai reforce os fiéis com a sua graça, "para que, feitos em Cristo um só corpo e um só espírito", possam ressurgir com ele na glória (formulário A); estenda a todos os povos "os benefícios da salvação conquistada por Jesus Cristo" (formulário A) e conceda a graça de "aderir ao Evangelho da vida, para tornar-se no mundo fermento e instrumento de salvação" (formulário C).

Cada formulário apresenta ainda uma bênção solene. O formulário A reproduz a tríplice bênção aarônica (Nm 6,24-26), presente no Missal Romano (MR, p. 583), e os formulários B e C, fórmulas de oração sobre o povo. Os formulários para o ato penitencial são cristológicos, com temáticas próprias do Jubileu, e os da Oração Universal, dirigidos ao Pai. O Lecionário apresenta a seguinte estrutura:

Primeira Leitura	Is 61,1-3a.6a.8b-9	*O Senhor me consagrou com a unção; ele me enviou para levar a boa notícia aos pobres e dar-lhes o óleo da alegria.*
	ou	
	Rm 5,5-11	*O amor de Deus foi derramado nos nossos corações.*
Salmo Responsorial	Sl 88(89),21-22; 25.27	*Ó Senhor, eu cantarei eternamente o vosso amor.*
Aclamação ao Evangelho	Is 61,1 (Lc 4,18)	*O Espírito do Senhor está sobre mim, ele me mandou anunciar a Boa-nova aos pobres.*
Evangelho	Lc 4,16-21	*Enviou-me para proclamar um ano da graça do Senhor.*

O Ano Litúrgico e o Jubileu

Na Igreja Antiga, o esquema histórico-salvífico, uma herança bíblica, estava presente na confissão comum da fé (liturgia), nas catequeses e na reflexão dos padres. Foi no início da Idade Média, de acordo com a *mens* "patrística", que se desenvolveu uma interpretação teológica da história como história da salvação. A ruptura com esse processo deu-se com a abordagem dialético-metafísica adotada pela Escolástica. Na *Summa*, as essências assumem mais importância que o devir, e a história não emerge mais, perdendo-se o sentido da *oikonomía*, ou seja, daquele plano organizado por Deus que se cumpre na história. Na teologia moderna, a ideia da história como salvação foi reintroduzida no século XIX, especialmente pelos pais do Movimento Litúrgico, e assumida pelo Concílio Vaticano II, estando especialmente presente no capítulo V da *Sacrosanctum Concilium*, sobre o Ano Litúrgico. Nisso, o Ano Litúrgico reencontrou o seu valor teológico. É, pois, de fundamental importância que "o ciclo das celebrações do Mistério Pascal de Cristo" no Ano Jubilar esteja encharcado dessa consciência.

Na atual configuração do Ano Litúrgico, devido a um dinamismo particular, o Tempo do Advento "possui dupla característica: sendo um tempo de preparação para as solenidades do Natal, em que se comemora a primeira vinda do Filho de Deus entre os homens, e sendo também um tempo em que, por meio dessa lembrança, voltam-se os corações para a expectativa da segunda vinda do Cristo no fim dos tempos. Por esse duplo motivo, o Tempo do Advento se apresenta como um tempo de piedosa e alegre expectativa" (Normas Universais do Ano Litúrgico, n. 39).

Na verdade, os textos litúrgicos são esclarecedores. Bastará mencionar os dois prefácios, que, em dois níveis diferentes, um de tempo (MR, p. 451), outro de figuras/modelos (MR, p. 453), solicitam uma expectativa esperançosa, a do *mysterium nativitatis*, cumprimento, por sua vez, do antigo e sólido fundamento da aliança da fidelidade de Deus na história até a vinda final de Cristo. Em outras palavras, trata-se de dar unidade celebrativa a esse período, não sobrepondo a expectativa das "duas vindas", mas vivendo de forma mais intensa e concreta a expectativa escatológica, a única do tempo da Igreja, em colaboração com a encarnação de Cristo no mundo e no homem de hoje.

Ano Jubilar "peregrinos de esperança"

A vigilância e a "preparação" dos caminhos para o Salvador que vem, que se traduzem sobretudo como esperança, resumem-se para a Igreja na profecia, na capacidade de indicar, como o Batista, como Isaías, como Maria, o caminho que conduz a Ele. Um caminho que deve ser continuamente procurado e endireitado, como testemunham com insistência as páginas proféticas (Is 40) e a voz trovejante do Batista (Lc 3,1-18).

A espera pelo Natal é uma expressão simbólica da esperança na vinda final de Cristo, quando Ele aparecerá nas nuvens do céu, com grande poder e glória, para reunir os eleitos dos quatro ventos (Mc 13,26-27). A celebração do Natal torna-se, assim, uma garantia de que todas as expectativas são "preenchidas", no sentido de que a fidelidade de Deus em Cristo nunca falha para com aqueles que nele esperam. E estes, por sua vez, não têm medo do futuro que os espera, pois, confiando na Palavra que não passa (Mc 13,31), apressam o passo no caminho da vida, rumo à definitividade, ao endosso das escolhas que já operam neste mundo.

O tempo litúrgico da Quaresma deve ser vivido sempre, mas de forma mais incisiva durante o Ano Jubilar, como um tempo particularmente fecundo para a escuta da Palavra de Deus e para a prática da conversão pessoal e social à luz dos profetas de ontem e de hoje. Um verdadeiro tempo catecumenal, tempo forte de reconciliação e de fomentar as missões populares, tempo de conversão pessoal e social, como têm sublinhado desde muitos anos as Campanhas da Fraternidade.

A estruturação do caminho quaresmal, depois da reforma do Vaticano II, aparece em toda a sua eficácia. Sua finalidade está bem delineada pelas orações de bênção das cinzas, antes de serem colocadas sobre a cabeça dos fiéis: "Derramai propício a graça da vossa bênção sobre os fiéis que vão receber estas cinzas, para que, prosseguindo na observância da Quaresma, mereçam chegar de coração purificado à celebração do Mistério Pascal do vosso Filho" (MR, p. 163). A Quaresma visa, portanto, reconstruir no crente, através do exercício da penitência quaresmal, no sentido bíblico-patrístico do termo (Rm 8,29; 1Cor 15,49), essa imagem do Senhor que ressuscita. Em outras palavras, trata-se de deixar-se guiar pelo Espírito no deserto (Lc 4,1) para a verificação anual da própria existência. Isso se concretiza através do caminho traçado pelo Lecionário, bem delineado em suas etapas.

Em primeiro lugar, os dois primeiros Evangelhos, essenciais todos os anos, que correspondem à prova no deserto das tentações: como Cristo, cada crente é confrontado com sugestões diabólicas, para ser vitorioso no Espírito (Mt 4,1-11), e à transfiguração: diante das dificuldades do seguimento, que inclui a cruz, o discípulo é cativado pela luz da Páscoa, que brilha no rosto de Cristo e transfigura a existência, enchendo-a de esperança. Por isso, é convidado a ouvir o Senhor com confiança e coragem (Mt 17,1-9). Os domingos sucessivos do Ano C colocam-se em perspectiva penitencial, na qual o caminho aparece bem delineado. Os impulsos de conversão, que emergem dos acontecimentos da vida cotidiana (Lc 13,1-9), combinam-se com a parábola do pai misericordioso e dos seus dois filhos, resposta apologética às acusações feitas contra Jesus de receber os pecadores e comer com eles (Lc 15,1-3.11-32), e chega-se ao episódio da adúltera (Jo 8,1-11), em que a frase provocativa: "Quem dentre vós que

Ano Jubilar "peregrinos de esperança"

está sem pecado atire primeiro a pedra contra ela" (Jo 8,7) é um prelúdio à palavra decisiva do perdão: "Mulher, eu também não te condeno; vai e não peques mais" (Jo 8,11).

O ciclo do Tempo Comum caracteriza-se por uma leitura semicontínua dos Evangelhos sinóticos. O triplo ciclo é indicado a partir das primeiras letras do alfabeto (Anos A, B, C), ou então diretamente pelo uso dos nomes dos evangelistas sinóticos Mateus (proclamado no Ano A), Marcos (no Ano B) e Lucas (no Ano C). O Evangelho segundo João é reservado, na liturgia eucarística de todos os anos, para o tempo da Quaresma e o da Páscoa. No Ano Jubilar, será lido o Evangelho segundo Lucas. É mister observar que, no ciclo do Tempo Comum, as leituras do Antigo Testamento apresentam-se tematicamente de acordo com o Evangelho (ILM, n. 67), ao passo que as leituras do Novo Testamento seguem o princípio da semicontinuidade, sem uma ligação pré-constitutiva com a temática do Evangelho.

Também as festas do Senhor, da Santa Mãe de Deus, dos santos e a comemoração dos fiéis devem evidenciar a esperança como cerne da vida cristã, encarnada em Jesus Cristo e testemunhada pela vida de santidade da Igreja.

A dimensão anamnética

O Jubileu assume, como própria, a dimensão litúrgica do fazer memória. Faz-se memória da história da salvação, como uma história de esperança, de misericórdia, de perdão, e faz-se memória do evento Concílio Vaticano II, como um acontecimento de alcance salvífico, que abriu a Igreja a uma dimensão mais positiva da realidade humana, permeada de esperança. Nunca é demais recordar, especialmente, as palavras do Papa João XXIII na abertura do Concílio: "Em nossos dias, a Esposa de Cristo prefere usar mais o remédio da misericórdia que o da severidade [...]. A Igreja Católica, levantando por meio deste Concílio Ecumênico o facho da verdade religiosa, deseja mostrar-se mãe amorosa de todos, benigna, paciente, cheia de misericórdia e bondade com os filhos dela separados"; e as palavras do Papa Paulo VI no seu encerramento: "Desejamos notar que a religião do nosso Concílio foi, antes de tudo, a caridade [...]. Aquela antiga história do bom samaritano foi exemplo e norma segundo os quais se orientou o nosso Concílio [...]. Uma corrente de interesse e admiração saiu do Concílio sobre o mundo atual. Rejeitaram-se os erros, como a própria caridade e verdade exigiam, mas os homens, salvaguardado sempre o preceito do respeito e do amor, foram apenas advertidos do erro. Assim se fez, para que, em vez de diagnósticos desalentadores, *se dessem remédios cheios de esperança*; para que o Concílio falasse ao mundo atual não com presságios funestos, mas com mensagens de esperança e palavras de confiança. Não só respeitou, mas também honrou os valores humanos, apoiou todas as suas iniciativas e, depois de os purificar, aprovou todos os seus esforços [...]. Outra coisa, julgamos digna de consideração. Toda esta riqueza doutrinal orienta-se apenas a isto: servir ao homem, em todas as circunstâncias da sua vida, em todas as suas fraquezas, em todas as suas necessidades".

As peregrinações

As peregrinações, embora não sejam estritamente ações litúrgicas, são apresentadas como um sinal peculiar no Ano Santo. Enquanto ícone do caminho que cada pessoa realiza na sua

Ano Jubilar "peregrinos de esperança"

existência, "representam um elemento fundamental de todo o evento jubilar", pois "pôr-se a caminho é típico de quem anda à procura do sentido da vida". Elas "favorecem muito a redescoberta do valor do silêncio, do esforço, da essencialidade" (SNC, n. 5). Peregrinar é um fenômeno místico das grandes religiões e do cristianismo, de modo particular (Bigi, 2000). Para o professor Terrin, se o misticismo é uma peregrinação interior, a peregrinação é um misticismo externado, uma expressão daquilo que se vive no coração (Terrin, 2001, p. 254).

A peregrinação ou a romaria,[2] como costumamos chamar, é uma indicação de que Deus está sempre um passo adiante, um passo à frente. Ela se apresenta como um sinal de que a própria esperança é uma meta a alcançar, que exige empenho e sacrifício, e por isso se revela como escola penitencial e de ação de graças (Eucaristia) (Andreatta, 1997). É uma passagem como é a vida, um percurso, uma iniciação, uma procura de uma realidade que centralize a vida. É um ícone da vida humana; é imagem do povo de Israel e do povo cristão, sempre peregrino sobre a terra rumo à Jerusalém celeste e à construção de um reino de justiça e de paz (Gerardi, 1999, p. 139-150).

Dessa forma, o Ano Santo também é o momento e a oportunidade de organizar peregrinações em comunidade aos santuários das dioceses ou mesmo à igreja catedral para a veneração da cruz jubilar. É o momento de redescobrir as romarias, as caminhadas, as procissões. É o momento de valorizar a piedade popular.

---

[2] A palavra "romaria" deriva das peregrinações feitas à cidade de Roma. Os peregrinos não romanos que visitavam os túmulos dos Apóstolos eram chamados "romeis" ou romeiros.

As liturgias estacionais

Seria de máxima importância recuperar, neste ano, o antigo uso das celebrações estacionais romanas. Tal rito foi recuperado por Paulo VI. Na Quarta-feira de Cinzas, o papa celebra, segundo a tradição atestada dos antigos livros litúrgicos, o início dos dias de jejum na igreja estacional de Santa Sabina.

Têm caráter de liturgias estacionais, a Missa da Festa da Apresentação do Senhor, no dia 2 de fevereiro, e a do Domingo de Ramos. As Missas Estacionais podem ajudar a dar relevância ao papel do bispo como primeiro liturgo da diocese (Isnard, 1984, p. 818-834), especialmente se a comunidade diocesana redescobre e dá a devida atenção à solenidade do Aniversário da Dedicação da Catedral Diocesana, que pode ser celebrada com um tríduo preparatório, ou da igreja paroquial, que, nesse ano, poderia ser celebrada com uma *statio* propriamente dita. Poderia ser promovida a dedicação das igrejas paroquiais ainda não dedicadas etc.

Seria interessante se a catedral diocesana valorizasse, com a presidência episcopal, a celebração das grandes vigílias, como a Vigília de Pentecostes, da Assunção da Bem-aventurada Virgem Maria, dos Santos Apóstolos, do padroeiro, mas, sobretudo, que se desse maior destaque à Vigília Pascal e à Vigília do Natal. A Missa dos Santos Óleos, um verdadeiro exemplo de Missa Estacional, poderia recuperar sua significação desejada pelo Papa Pio XII quando a restaurou, sendo celebrada mais significativamente pelo formulário que lhe foi dado pela restauração litúrgica do Concílio Vaticano II.[3] Grande

---

[3] Essa Missa consta de um formulário próprio. Desde o século X não se utilizava um formulário apropriado para essa peculiar celebração. A *Colleta* e a *Super Oblata* foram recolhidas do *Gelasianum Vetus* (GeV) 375 e 377. A *Postcommunio* era uma

Ano Jubilar "peregrinos de esperança"

atenção merece ainda a celebração dos sacramentos, especialmente a dos sacramentos da Crisma e da Ordem.

As celebrações penitenciais

A bula de proclamação do Jubileu dispensa, com toda a razão, uma considerável atenção à celebração do sacramento da Penitência (SNC, n. 23). Recorda, antes de tudo, que

> a Reconciliação sacramental não é apenas uma estupenda oportunidade espiritual, mas representa um passo decisivo, essencial e indispensável no caminho de fé de cada um. Ali permitimos ao Senhor que destrua os nossos pecados, sare o nosso coração, levante-nos e abrace, nos faça conhecer o seu rosto terno e compassivo. Na verdade, não há modo melhor de conhecer a Deus do que deixar-se reconciliar por Ele (2Cor 5,20), saboreando o seu perdão.

O papa recorda que no Jubileu extraordinário de 2016 instituiu os Missionários da Misericórdia, convidando-os a exercerem o seu ministério também no Jubileu ordinário. Na ocasião, além de sublinhar o papel que deveriam desempenhar tais missionários, recordava que eles deveriam agir com "solicitude materna". O papa ressaltava que a celebração do sacramento da Penitência deveria configurar-se como um "encontro cheio de humanidade e de misericórdia". Para tanto, descrevia a figura do confessor de modo diferente daquele como se costuma caracterizar um juiz, um inquisidor ou alguém que submete o penitente a perguntas indiscretas. O confessor deve apresentar-se como sinal do

Ad populum que foi adaptada do GeV 394. O *Prefatio* vem também da tradição gelasiana: GeV 378.

primado da misericórdia do Pai, preparado para a escuta, rico de compaixão e considerando-se, em potencial e de fato, um penitente para agir como outro Cristo, missionário do Pai, tendo consciência de que recebeu o dom para o perdão dos pecados (observe-se que não se fala do *poder* para perdoar, mas do *ministério da misericórdia*). Os Missionários da Misericórdia devem ter como modelo o pai da parábola do filho pródigo e considerar que o ministério da reconciliação vai além do confessionário. Espera-se, portanto, que ajam

> restituindo esperança e perdoando todas as vezes que um pecador se dirija a eles de coração aberto e espírito arrependido. Continuem a ser instrumentos de reconciliação e ajudem a olhar para o futuro com a esperança do coração que provém da misericórdia do Pai. Espero [diz o papa] que os bispos possam valer-se do seu precioso serviço, sobretudo enviando-os onde a esperança está posta a dura prova, como nas prisões, nos hospitais e nos lugares onde a dignidade da pessoa é espezinhada, nas situações mais desfavorecidas e nos contextos de maior degradação, para que ninguém fique privado da possibilidade de receber o perdão e a consolação de Deus (SNC, n. 23).

Nessa perspectiva da pastoral litúrgica, seria muito pobre reduzir a *celebração da reconciliação* à celebração do *sacramento*. É preciso valorizar os diversos ritos e celebrações penitenciais. Além da celebração sacramental, o Ritual da Penitência apresenta, em seu apêndice II, alguns modelos de celebrações penitenciais não sacramentais: *Celebrações penitenciais durante a Quaresma*; *Celebração penitencial no Tempo do Advento*; *Celebrações penitenciais ordinárias temáticas*: Pecado e conversão, O filho regressa ao pai,

Ano Jubilar "peregrinos de esperança"

As bem-aventuranças evangélicas; *Celebração penitencial para crianças*; *Celebração penitencial para jovens*; *Celebração penitencial para enfermos.* Essas celebrações teriam um efeito especial vivenciadas em família (Igreja doméstica), nos diversos grupos, movimentos e pastorais, na catequese ou em preparação à celebração de um evento importante na vida da comunidade (primeira comunhão, casamentos comunitários etc.).

A redescoberta do Ofício Divino

Embora a bula não mencione nenhuma vez a celebração do Ofício Divino e o Saltério ocupe um lugar secundário entre os livros citados da Sagrada Escritura (apenas duas vezes), a celebração da Liturgia das Horas, como é sabido, desempenha um papel importantíssimo na vida espiritual da Igreja, sobretudo pelo seu conteúdo sálmico.

Para os santos padres,

> o salmo é a serenidade das almas e uma fonte de paz, pois acalma a agitação e a efervescência dos pensamentos. Reprime a inquietude e apazigua a paixão. Põe em fuga os demônios e atrai a ajuda dos anjos. É a segurança da criança indefesa, a beleza do homem em sua plenitude, o consolo do ancião, o mais belo adorno da mulher. Verdadeira voz da Igreja, o salmo é a iniciação dos que começam, o crescimento dos que progridem, a estabilidade dos perfeitos. Ele enche de luz nossas festas e também gera em nós a tristeza segundo Deus, pois até de um coração de pedra pode arrancar lágrimas. O salmo é a ocupação do anjo, a conversação celestial, um incenso espiritual (Basílio Magno, 1888, par. 211-214).

O Ofício Divino é o espaço litúrgico sálmico por excelência. No Ofício Divino, o salmo se torna uma escola de oração, pois ensina a ler, à luz da fé, os dados mais ordinários do cotidiano. No Ofício Divino, "a pessoa assimila os sentimentos dos Salmos não tanto pelo conhecimento vindo de alguma explicação, mas por ter experimentado na própria vida aquilo que está escrito no salmo" (Carpanedo, 2015, p. 26).

O Ano Jubilar constitui uma excelente oportunidade para as comunidades redescobrirem a celebração ritmada do Ofício Divino. O canto do Ofício Divino, especialmente nas I e II Vésperas dos domingos e solenidades, ou das festas dos santos, do padroeiro, dos eventos da vida da comunidade, pode tornar-se um sinal sacramental da gratuidade da salvação, própria deste ano de júbilo.

As têmporas e rogações

Um dos temas litúrgicos pertinente ao contexto do Ano Jubilar, também esse não presente na bula e esquecido pela Igreja no Brasil, é o das têmporas e rogações. As quatro têmporas do ano são os dias em que a Igreja reza a Deus em ação de graças e intercede pelas várias necessidades da humanidade, pelos frutos do campo e pelo trabalho humano (Normas Universais do Ano Litúrgico, n. 46). Tradicionalmente o faz por meio do canto de ladainhas, procissões e bênção dos campos ou dos frutos da terra. No começo das quatro estações (daí o termo "têmporas/tempos"), dedicam-se os três dias mais penitenciais da semana (quarta-feira, sexta-feira e sábado) ao jejum e à oração com essas intenções. Trata-se de uma instituição de origem romana, talvez já desde o século V, em conexão com a vida agrícola e o ritmo das estações do ano. Caíam na primeira semana da Quaresma, na semana seguinte à celebração de Pentecostes, nos dias seguintes ao 14 de setembro (Exaltação da Cruz) e no Advento.

Na última reforma do calendário, deixou-se a critério de cada Conferência Episcopal a adaptação das datas e conteúdos dessas têmporas, tomando em consideração "as diversas necessidades dos lugares e dos fiéis" (Normas Universais do Ano Litúrgico, n. 46). As Normas Universais do Ano Litúrgico apresentaram ainda a possibilidade do uso das Missas para as diversas necessidades para a celebração das têmporas (CR, n. 47).

Segundo decisão da CNBB, na XII Assembleia Geral de 1971, a regulamentação das têmporas e rogações ficou a critério das Comissões Episcopais Regionais (CNBB, 1971, n. 136). A Igreja de Portugal, como outras Igrejas de países da Europa, decidiu manter tal celebração em um único dia do ano, conservando a tradição do canto da ladainha, da procissão e da bênção dos campos e, na ausência de Missa, uma celebração da Palavra.[4]

Não seria o caso de redescobrir, neste Ano Jubilar, que tem também uma dimensão de harmonia entre as pessoas e a natureza, como previa o Jubileu bíblico (Ano Sabático e descanso da terra), as riquezas dessa celebração litúrgica? A partir da encíclica *Laudato si'*, não seria pertinente esta celebração litúrgica para tantos irmãos e irmãs que trabalham no campo? Não ajudaria tal celebração, com uma boa catequese, a despertar a consciência das pessoas da cidade para a importância do trabalho do campo e a sensibilizar todos para uma ecologia profunda e integral?

---

[4] <liturgia.pt/documentos/ano_lit.php>. Acesso em: 20.11.2015. Algumas regiões da Itália celebram as quatro.

Considerações finais

"Bendito o dia que está chegando." Com essa frase, Dom Clemente Isnard, na apresentação da primeira edição do Ofício Divino das Comunidades, profetizou o que o Ano Jubilar, qualquer Ano Jubilar, proporciona: uma identificação entre liturgia e piedade popular. Disse o venerável: "Bendito o dia que está chegando, em que não haverá mais distinção entre celebração litúrgica e exercícios piedosos, como longinquamente aponta o n. 13 da constituição *Sacrosanctum Concilium*" (ODC, 1988, p. 5).

Os atos de devoção e piedade durante o Ano Jubilar misturam-se e identificam-se de tal forma com os atos litúrgicos regulados pelos livros litúrgicos, que se tornam lugares teológicos, *re-presencialização* de um evento que se estende ao longo da história da Salvação, a qual se torna, toda ela, um Ano da Graça do Senhor.

Referências

ANDREATTA, L. *Pellegrini come i nostri padri*: per una pastorale penitenziale ed eucaristica del pellegrinaggio. Casale Monferatto: Piemme, 1997.

BASÍLIO MAGNO. *Homiliae in Psalmos*: ed. J.-P. Migne (PG 30). Paris: Migne, 1888.

BIGI, M. *Verso i luoghi di Dio*: profilo storico del pellegrinaggio cristiano. Bologna: Dehoniane, 2000.

BONACCORSO, G. (ed.). *La liminalità del rito*. Padova: Edizioni Messaggero/Abazia di Santa Giustina, 2014.

BOTTINO, A. Il símbolo della porta nella Scrittura. *Rivista Liturgica*, n. 86, p. 603-621, 1999.

BRELICH, A. *Le iniziazioni*. Roma: Editori Riuniti, 2008.

CARPANEDO, P. *Ofício Divino das Comunidades*: uma introdução. São Paulo: Paulinas, 2015.

CATELLA, A. Apertura della "porta": le origini di un rito. *Rivista Liturgica*, 86, p. 623-635, 1999.

DICASTERO PER L'EVANGELIZZAZIONE. *Giubileo 2025*: testi liturgici; norme sulla concessione dell'indulgenza giubilare. Città del Vaticano: Tipografia Vaticana, 2024.

GERARDI, R. La vita cristiana come pellegrinaggio verso la casa del Padre. In: DI LUCA, G.; BISSOLI, C. (ed.). *Nel nome del Padre verso il terzo milenio*. L'Aquila: Issra, 1999.

ISNARD, C. O bispo e a liturgia. *Revista Eclesiástica Brasileira*, n. 44, p. 818-834, 1984.

MARINI, P. L'ecclésiologie de l'Épiscopat selon le Cérémonial des Évêques. *La Maison Dieu*, n. 224, p. 150-159, 2000.

Normas universais do Ano Litúrgico e Calendário Romano Geral. Brasília: CNBB, 2023.

Ofício Divino das Comunidades. São Paulo: Paulus, 1988.

PEREIRA, J. Liturgia de perdão à luz da bula *Misericordiae vultus*. *Revista de Liturgia*, n. 253, p. 4-9, 2016.

RIGHETTI, M. *Storia della liturgia*: II: L'anno liturgico nella storia, nella messa, nell'ufficio. Milano: Àncora, 1969.

TERRIN, A. N. *Antropologia e orizzonti del sacro, culture e religioni*. Assisi: Cittadella Editrice, 2001.

TERRIN, A. N. La porta e il passare attraverso la porta. Un simbolo cultuale e spaziale di cambiamento e di trasformazione nella storia comparata delle religioni. *Rivista Liturgica*, n. 86, p. 637-650, 1999.

TURNER, V. *Il processo rituale*: struttura e anti-struttura. Brescia: Morcelliana, 2001.

VAN GENNEP, A. *I riti di passaggio*. Torino: Boringhieri, 1981.

Autores

Abimael Francisco do Nascimento. Doutor e mestre em Filosofia pela Universidade Federal do Ceará (UFC). Mestre em Teologia pela Pontifícia Universidade Católica de São Paulo (PUC-SP). Psicanalista e psicopedagogo. Professor na Faculdade Católica de Fortaleza nas cadeiras de História da Filosofia Medieval I e II (Tomismo), no Curso de Filosofia. Professor de Sagrada Escritura no Curso de Teologia. Religioso e sacerdote missionário do Sagrado Coração.

Jerônimo Pereira Silva. Doutor em Liturgia pelo Pontifício Instituto Litúrgico de Roma, Santo Anselmo. Professor de Liturgia no Instituto de Liturgia de Pádua, no de Roma e na Universidade Católica de Pernambuco (Unicap). Monge beneditino.

Ney de Souza. Pós-doutorado em Teologia pela PUC-Rio. Doutor em História Eclesiástica pela Universidade Gregoriana de Roma (Registro USP, História Social). Docente e pesquisador no Programa de Estudos Pós-graduados em Teologia da PUC-SP. Líder do Grupo de Pesquisa "Religião e Política no Brasil Contemporâneo" da PUC-SP (CNPq). Sacerdote do clero arquidiocesano de São Paulo.

Reuberson Ferreira. Doutor em Teologia pela PUC-SP. Docente do Programa de Estudos Pós-graduados em Teologia pela PUC-SP. Especialista em Teologia, História e Cultura Judaica e em Docência do Ensino Superior. Membro do Grupo de Pesquisa

"Religião e Política no Brasil Contemporâneo" (CNPq), do Observatório Eclesial Brasil (SP) e da Cehila-Brasil. Religioso e sacerdote missionário do Sagrado Coração.

Rua Dona Inácia Uchoa, 62
04110-020 – São Paulo – SP (Brasil)
Tel.: (11) 2125-3500
paulinas.com.br – editora@paulinas.com.br
Telemarketing e SAC: 0800-7010081